Heike Führ wurde 1962 in Mainz geboren, ist verheiratet und hat 2 erwachsene Kinder - seit 3 Jahren lebt Seelenhund Smiley bei ihr und ihrem Mann.

    Sie ist seit 1994 an Multiple Sklerose erkrankt und führt zur Information darüber eine Webseite, sowie eine gleichnamige sehr lebendig laufende Facebook-Seite. Sie ist mittlerweile eine routinierte Bloggerin und arbeitet für mehrere Projekte.

    Sie hat bereits 8 MS-Begleitbücher, 2 Kinderbücher und ein „Glücks-Buch" geschrieben.

    Führ ist ausgebildete Erzieherin mit vielen pädagogischen und psychologischen Fort- und Weiterbildungen. Sie belegte auch mehrere Kurse für „Yoga mit Kindern". Diese intensive Zeit und ihr pädagogisches Wissen prägen auch ihr Schreiben.

http://multiple-arts.com/

http://heikef.jimdo.com

Die zweite Leidenschaft der Autorin gilt neben dem Schreiben dem Malen und Zeichnen. Auf Facebook ist sie hier zu finden:

„Impressionen - Malen, Zeichnen & Mehr"

https://www.facebook.com/IMPRESSIONEN.Kunst/?fref=ts

Heike Führ

FREUNDSCHAFT

In guten und in schlechten Zeiten?

FREUNDSCHAFT
In guten und in schlechten Zeiten?

Originalausgabe © 2016 Heike Führ
© 2016 Satz, Layout: Heike Führ
© 2016 Herstellung und Verlag:
BoD – Books on Demand, Norderstedt

ISBN: 9783741238109

>FREUNDSCHAFT<

>In guten und in schlechten Zeiten?<

© 2016 Heike Führ

Originalausgabe 2016 / 2. Auflage

© 2016 Herstellung und Verlag:

BoD – Books on Demand, Norderstedt

ISBN: 9783741238109

© 2016 Satz, Layout: Heike Führ

Foto Buch-Rückseite: Ingrid Fey

Engel-Bild Cover: © Heike Führ

Alle Rechte vorbehalten.

All Rights reserved - Das Werk darf - auch teilweise - nur mit Genehmigung des Verlags und Autors wiedergegeben werden.

Bibliografische Information der Deutschen Nationalbibliothek: Die Deutsche Nationalbibliothek verzeichnet diese Publikation in der Deutschen Nationalbibliografie; detaillierte bibliografische Daten sind im Internet über http://dnb.de abrufbar. Printed in Germany

INHALTSVERZEICHNIS

S. 7 Vorwort
S. 12 FREUDSCHAFT – was ist das?
S. 12 Soziale Beziehung
S. 13 Beziehungsarten
S. 15 FREUNDSCHAFT

S. 22 TEIL 1 FREUNDSCHAFT
S. 22 WISSENSWERTES
S. 25 Was zeichnet eine gute Freundschaft aus?
S. 31 Freundschaften
S. 37 Ansichten zu Freundschaften
S. 39 „Grundausstattung" für Freundschaften
S. 41 Geben und Nehmen
S. 43 EMOTIONEN
S. 44 Vertrauen
S. 45 Vertrauensdimensionen in Bezug auf Freundschaften
S. 46 1)   Urvertrauen
S. 47 2)   Vertrauen
S. 52 Was sind Anzeichen eines geringen Selbstvertrauens?
S. 53 Formen der Freundschaften
S. 53 Frauenfreundschaften
S. 57 Männerfreundschaften
S. 58 Sympathie
S. 59 EMPATHIE
S. 64 Verträglichkeit
S. 65 Zusammenarbeit
S. 66 KOOPERATION
S. 67 SOLIDARITÄT
S. 68 Wertevorstellungen
S. 69 „Seelenverwandtschaft"
S. 70 VERÄNDERUNGEN
S. 74 VERZEIHEN
S. 76 KOMMUNIKATION
S. 79 ASPEKTE der Freundschaft

S. 80 TEIL 2 PROBLEME in der Freundschaft
S. 80 KRÄNKUNGEN
S. 83 NEID
S. 87 MISSVERSTÄNDNISSE
S. 89 VORWÜRFE
S. 90 Rivalität
S. 92 Lästern
S. 98 MOBBING
S. 103 Rechtliche Links
S. 104 Das Ende der Freundschaft
S. 107 Feindschaft

S. 111 TEIL 3 Texte
S. 112 *Inspiration – mehr als nur ein Wort Freunde und Trennungen
S. 115 *Freunde , Freundschaften und Trennungen
S. 119 *Seelen-Vampir
S. 122 *Innerer Friede gelingt, wenn die Sprache der Seele verstanden wird
S. 124 *GESUCHT: Eine seltene Spezies

S. 126 TEIL 4
S. 126 Zitate/Sprüche
S. 131 Bonus
S. 141 Gast-Beitrag
S. 143 Schlusswort
S. 147 DANKE
S. 148 Links

Manche Menschen wissen nicht,
wie wichtig es ist,
dass sie einfach da sind.
Manche Menschen wissen nicht,
wie gut es tut, sie nur zu sehen.
Manche Menschen wissen nicht,
wie tröstlich ihr gütiges Lächeln wirkt.
Manche Menschen wissen nicht,
wie wohlwollend ihre Nähe ist.
Manche Menschen wissen nicht,
wie viel ärmer wir ohne sie wären.
Manche Menschen wissen nicht,
dass sie ein Geschenk des Himmels sind.
Sie wüssten es,
würden wir es ihnen sagen!
© Petrus Ceelen

Vorwort

Liebe Leser,

Freundschaft ist ein großes Wort. Ein vielbenutztes noch dazu. Wie leichtfertig sagt man: „Das ist meine Freundin!", oder auch bewusst: „Das ist nur eine Bekannte!".

Kinder sind da ehrlicher und scheinbar auch kompromissloser: „Du bist nicht mehr meine Freundin! Dich lade ich nicht mehr zu meinem Geburtstag ein!" ☺

So einfach ist es aber im Erwachsenenleben nicht wirklich. Freundschaften sind komplex – im besten Fall sind sie etwas sehr Besonderes und auch lang anhaltend.

Mich beschäftigt seit langem schon, warum man sich zu jemandem so hingezogen fühlt, warum sich manche so fest scheinende Freundschaften auseinanderleben, warum andere ein Leben lang halten und warum es beispielsweise so weit kommen konnte, dass sich eine tiefe Freundschaft auseinander entwickelt hat.

Warum schleicht sich plötzlich Neid in eine feste Beziehung ein, Missgunst oder gar Boshaftigkeit? Warum wird man „eben" noch von Freunden geliebt und scheinbar ganz plötzlich gemobbt?

Jeder hat im Laufe seines Lebens Erfahrungen mit dem Thema Freundschaft gemacht. Es geht im Kleinkind/Kindergartenalter los und zu wundervollen Gefühlen paaren sich auch negative, enttäuschende und gar verletzende Emotionen und Erfahrungen. Das ist sicher der Lauf des Lebens und wenn man sich umhört, scheint es normal zu sein.

Und mich beschäftigen Fragen wie: „Gibt es echte virtuelle Freundschaften?", „Was ist eigentlich genau eine enge Freundschaft?" und Vieles mehr.

Um Ihnen die Begrifflichkeiten des Woters „Freundschaft" und die daraus resultierenden Wort-Folgen wie „Feindschaft" ganz deutlich zu erklären, bediene ich mich zum Teil wortwörtlich aus Wikipedia.de. (https://de.wikipedia.org/wiki/Wikipedia). Diese Stellen markiere ich entsprechend. So kann ich Ihnen als Sammlung und Zusammentragung eine unverfälschte Information zukommen lassen.

In anderen Kapiteln dreht es ich dann eher um die Bedeutung und andere Recherchen, da spielen diese Fakten eher eine untergeordnete Rolle. Aber es braucht beides um der Sache auf den Grund gehen zu können.

Es ist auch immer die Frage, was man sich selbst unter einer echten Freundschaft vorstellt. Ist es ein Klischee, wenn man sagt, man möchte mit seinem Freund Krisen gemeinsam durchstehen, sich aufeinander verlassen können und viel Spaß und Freude miteinander haben? Oder ist es ein tiefer menschlicher Wunsch nach Verstanden-Werden, nach Liebe und Geborgenheit? Man möchte sicherlich jemand haben, der einem zur Seite steht – unabhängig davon, dass man oder ob man in einer festen Partnerschaft/Ehe lebt. Einen guten Freund zu haben, scheint erstrebenswert und für Frauen kann es der „Himmel auf Erden" sein eine BESTE Freundin zu haben.

Wenn man das Glück hat, solch einen Freund zu finden, kann das wiederum bei anderen Menschen Neid auslösen, weil sie so ihre eigenen Sehnsüchte spüren und wahrnehmen - die vielleicht unerfüllt sind.

Vermutlich sind genau auch deshalb soziale Netzwerke so beliebt: hier scheint es einfacher zu sein, neue Freunde zu finden; man kann sich bestimmten und speziellen Gruppen anschließen und das Gefühl haben „dazu zu gehören"!

Natürlich ist im Netz immer Vorsicht geboten, denn viele sogenannte Freundschaften existieren im realen Leben nicht. Noch dazu kommt die Gefahr der Fake-Profile – so ganz genau weiß man nicht, mit wem man es zu tun hat. Und doch haben diese sozialen Netzwerke auch das Potenzial echte Freundschaften entstehen zu lassen – Entfernung spielt hier erst einmal keine Rolle. Nach dem Internet-Kontakt besteht immer als nächste Stufe die Möglichkeit zu telefonieren und so etwas mehr Nähe und auch Realität zu schaffen und man kann sich dann sogar persönlich treffen.

Da ich seit 1994 an Multiple Sklerose (MS) erkrankt und in einigen MS-Gruppen Mitglied bin, haben sich mir in Facebook viele Freundschaften erschlossen. Manche bestehen auf Grund der fehlenden Mobilität eher virtuell, andere Freunde habe ich schon persönlich treffen können und ich habe dabei festgestellt, dass zumindest im Bereich „MS-Gruppe" die Personen „in echt" genauso waren wie ich sie virtuell kennengelernt habe.

Sicherlich kann jeder für sich sagen, dass es schön ist Freunde zu haben, die unser Leben mit uns teilen und dass sie eine wichtige Glücksquelle sind. Freunde sind auf alle Fälle eine große Bereicherung im Leben und tragen ein großes Stück zur Lebensqualität bei.

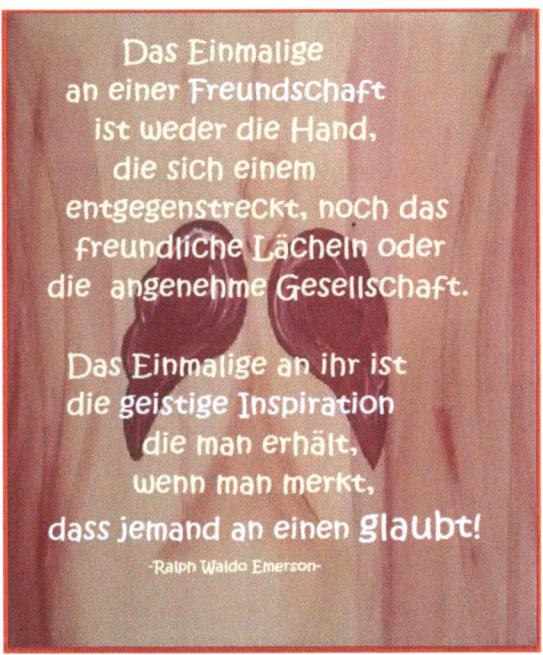

Mit diesem Büchlein möchte ich mich einfach intensiv um das Wort „Freundschaft" bemühen. „Begreifen ist Verstehen" und daraus resultiert dann das Handeln. Tipps zu geben, ist in der Pauschalität schwierig und ich empfände es auch anmaßend, denn jeder wird seine eigenen Erfahrungen mit diesem Thema gemacht haben. Ein einziger und wichtiger Tipp ist, dass man immer versucht in eine Kommunikation zu treten, wenn man das Gefühl hat, in der Freundschaft würde es etwas „haken".… Dazu gehört auch, dass man miteinander spricht, wenn man sich innerhalb der Beziehung aus irgendeinem Grund unsicher ist.

Ich habe eine liebe Freundin mit diffusen, aber schweren Ängsten – ich muss sie jeweils fragen, ob dies oder jenes für sie ok ist und brauche ihre Antworten dazu. Wir schaffen das wertfrei sehr prima – anders würde diese Freundschaft schon lange nicht mehr bestehen. Umgekehrt bin ich mit meiner MS darauf angewiesen, dass ich mit meinem Gegenüber und meinen Freunden in eine gute und klare Kommunikation treten kann, um ihnen jeweils meinen heutigen/momentanen Zustand begreiflich machen zu können. Denn von diesem IST-Zustand hängt es ab, wie der weitere Tag verlaufen wird (und somit auch unser eventuelles Beisammensein). Ohne Reden und aktivem Zuhören kann eine Beziehung selten wirklich gut laufen.

Bei guten Freunden muss man sich auch nicht für irgendetwas schämen – so, wie wir sind sollten wir angenommen werden und unseren Freund ebenfalls so annehmen.

Betrachten Sie das Büchlein also als kleinen Wegweiser, um Hintergründe besser verstehen zu können und daraufhin dann adäquater handeln zu können. Nur wenn man begreift, was im Anderen vor sich gehen könnte, kann man Missverständnisse vermeiden und gar aus dem Weg räumen.

Das Wort Freundschaft ist hier teilweise ersetzbar mit dem Wort „Beziehung", da in jeder Paar-Beziehung rein freundschaftlich gesehen die gleichen Werte gelten. Auch unter Kollegen und im Familien-Verbund läuft es ähnlich.

Mir ist es wichtig zu erwähnen, dass ich mit dem Buch keine Lehrbücher neu schreiben möchte oder ich auch keine neuen bahnbrechenden Erkenntnisse mitteile. Es ist ein Buch mit Gedanken, Recherchen, Texten und Gedankenspielen rund um das Thema Freundschaft. Ein Büchlein zum Verstehen und zum Studieren der Komplexität, oder zum Durchblättern – als Genuss und Eigen-Reflektion. Ich erhebe absolut keinen Anspruch auf etwas Bahnbrechendes; ich habe meine Gedanken aufgeschrieben und zusammengefasst, damit das Thema Freundschaft „rund" und begreiflich wird.

Vielleicht erkennen Sie sich, eine Freundin, einen Freund oder Situationen wieder und können dies nun beim Lesen besser einordnen.

Und seien Sie gnädig mit sich, denn LEBEN heißt LERNEN – solange man immer in der Übung bleibt, wird man sich auch vorwärts bewegen und bleibt nicht stehen. Ihre Freunde werden es Ihnen danken. ☺

Nun wünsche ich Ihnen viel Freude und Inspiration, Verstehen und Begreifen beim Lesen – ich selbst habe beim Recherchieren, dem Widergeben und Aufschreiben gelernt und geübt. ☺

Heike Führ

FREUNDSCHAFT - was ist das?

Erst einmal ist eine Freundschaft eine „soziale Verbindung" und auf diese möchte ich direkt eingehen. Danach widme ich mich der „Freundschaft" an sich.

Soziale Beziehung

Als Soziale Beziehung (auch „Zwischenmenschliche Beziehung") bezeichnet man in der Soziologie eine Beziehung von zwei Personen oder Gruppen, bei denen ihr **Denken, Handeln oder Fühlen gegenseitig aufeinander bezogen ist.** Soziale Beziehungen sind eine elementare Voraussetzung des Menschen, um gesellschaftlich erfolgreich zu leben. Erlernt er in seinen allerersten Jahren nicht, sie einzugehen (siehe Kapitel Urvertrauen), so ist er zeitlebens geschädigt.

Soziale Beziehungen können positive oder negative Qualitäten haben. In der neueren Forschung wird davon ausgegangen, dass positive und negative Qualitäten unabhängig voneinander innerhalb einer Beziehung koexistieren können. Beziehungen, die positive Auswirkungen haben, werden auch als Ressourcen des Individuums angesehen.

Die Sozialpsychologie befasst sich mit zweisamen sozialen Beziehungen wie Freundschaft und romantischen Beziehungen, aber auch mit den Beziehungen zwischen Individuum und Gruppe." (angelehnt an https://de.wikipedia.org/wiki/Soziale_Beziehung)

Prinzipiell gilt eine Beziehung erst dann als beendet, wenn keine Chance mehr besteht, dass in ihrem Sinn weiterhin adäquat gehandelt werden kann.

Eine „Bekanntschaft" ist eine schwache Form der sozialen Beziehung. Sie besteht, wenn sich (mindestens) zwei Personen gegenseitig identifizieren und wiedererkennen können. Die Paarbeziehung sticht hingegen durch ihre Exklusivität hervor: Sie ist sozial geschlossen und birgt Verpflichtungen. Freundschaften können ähnlich gestrickt sein, wie Paarbeziehungen, allerdings fehlt hier der sexuelle Hintergrund.

Beziehungsarten

Je nach Ausprägung positiver und negativer Aspekte können mehrere Beziehungsarten unterschieden werden.

Eine **unterstützende soziale Beziehung** liegt vor, wenn positive Facetten stark ausgeprägt und wenig bis keine negativen Aspekte vorhanden sind, z. B. ein hilfsbereiter Freund. Soziale Unterstützung und angenehme zwischenmenschliche Erfahrungen spielen in dieser Beziehungsart eine wichtige Rolle.

Eine **ambivalente** Beziehung liegt vor, wenn sowohl positive als auch negative Qualitäten in einem hohen Ausmaß vorliegen, z. B ein spaßiger, aber wettstreitender Freund. Sie werden mit „gemischten Gefühlen" erlebt.
Ambivalente (doppeldeutigen) Beziehungen sind schwierig. Sie sind zum einen in allen sozialen Kontexten (z. B. Ehepartner, Familie, Freunde, Arbeitskollegen) mit einer hohen Kontaktdichte vertreten. Gleichzeitig gehen mit dieser Beziehungsart jedoch die schädlichsten Gesundheitsfolgen einher. Hierbei können Folgen sowohl auf physiologischer als auch psychologischer Stressebene auftreten. Trotz negativer Auswirkungen von ambivalenten Beziehungen auf unsere Gesundheit werden diese häufig aufrechterhalten. Gründe dafür sind verschiedene Barrieren beim Beenden einer Beziehung.

Barrieren/Trennungen: Forscher gehen davon aus, dass soziale Beziehungen aufgrund verschiedener Hemmnisse aufrechterhalten werden, selbst wenn sie als überwiegend negativ empfunden werden. Ein inneres Gefühl von Verpflichtung, wie der starke Drang, Dinge zu beenden, die man begonnen hat, kann ebenfalls eine internale Barriere sein. Unterschiedliche Bewältigungsformen ermöglichen uns dennoch das Aufrechterhalten ambivalenter (und negativer) Beziehungen in erträglicher Art und Weise.

Wird eine Beziehung mit negativen Elementen aufrechterhalten, können verschiedene **Bewältigungsformen** für Erleichterung innerhalb der Beziehung sorgen.
(angelehnt an https://de.wikipedia.org/wiki/Soziale_Beziehung)

Diese Fakten sind wichtig, um die Komplexität einer „Freundschaft" zu verstehen, die ja immer auch auf Normen, Traditionen und Regeln (und auch kulturellen Unterschieden) beruht.

Im folgenden Kapitel geht es um die soziale Beziehung „Freundschaft".

FREUNDSCHAFT

Um etwas zu verstehen, muss ich es begreifen können, es muss mir einleuchten.

Deshalb möchte ich dem Wort Freundschaft erst einmal auf den Grund gehen. Darum folgt nun notwendige Theorie, auf die ich das Buch aufbauen werde.

„Freundschaft ist ein auf gegenseitiger Zuneigung beruhendes Verhältnis von Menschen zueinander, das sich durch Sympathie und Vertrauen auszeichnet. Eine in einer freundschaftlichen Beziehung stehende Person bezeichnet man als Freund oder Freundin. Freundschaften haben eine herausragende Bedeutung für Menschen und Gesellschaften. Schon antike Philosophen wie Aristoteles und Cicero haben sich mit der Freundschaft auseinandergesetzt.
Das Gegenteil von Freundschaft ist Feindschaft.
Bis ins 16./17. Jh. wurde im Deutschen sprachlich nicht zwischen erworbener und angeborener Freundschaft unterschieden, so dass „Freundschaft" und „Verwandtschaft" synonym gebraucht werden konnten. Auch in vielen Dialekten ist die Bedeutung Freund = Verwandter bis in die Gegenwart durchaus üblich, weswegen die ursprüngliche Bedeutung des Wortes Blutsfreundschaft ebenfalls Verwandtschaft bedeutet.

Das Wort Freund als 'Vertrauter, jmdm. innerlich verbundener Mensch' bildete sich vom im 8. Jahrhundert. Einen besonders engen intimen Freund nannte man im 19. Jahrhundert Busenfreund; heute wird der Begriff (laut Duden) „meist ironisch" verwendet.

Meyers Großes Konversations-Lexikon von 1907 bezeichnet Freundschaft als „das auf gegenseitiger Wertschätzung beruhende und von gegenseitigem Vertrauen getragene freigewählte gesellige Verhältnis zwischen Gleichstehenden."
(https://de.wikipedia.org/wiki/Freundschaft)

> *Menschen, die Dich verteidigen, auch wenn Du selbst nicht da bist, sind echte Freunde.*
>
> -unbekannt-

Wenn man die Veröffentlichungen vieler namhafter verstorbener und gegenwärtiger Wissenschaftler zum Thema Freundschaft liest, erkennt man, wie komplex dieses Wort tatsächlich ist, wie viel man hinein interpretieren kann – im Negativen, wie im Positiven.

Einig sind sich fast alle, dass Freundschaft auf Zufall oder freier Wahl beruht und durch eine gewisse Gleichheit und Ähnlichkeit geprägt sei.

Freundschaft, so ist auch klar, fängt in der Regel in dem Moment an, in dem sich zwei Menschen kennenlernen. Somit wissen sie also rein theoretisch um ihre gegenseitige Existenz.

Bei Erwachsenen, die sich neu kennenlernen, verhält es sich natürlich komplexer als bei kleinen Kindern. Ich gehe in diesem Buch von einer Erwachsenen-Beziehung aus. Ab diesem Moment des Kennenlernens können die 2 Personen verschieden weit in die „Sphäre" des anderen eindringen. Wie sich diese neue Beziehung gestaltet, hängt von beiden Personen ab. Auch die Tiefe sowie der Umfang des Eindringens hängen davon ab, was man preisgeben will. Es gibt also oberflächliche Freundschaften und tiefe verwurzelte Freundschaften, in denen das Eindringen in die Sphäre des anderen erwünscht und gewollt ist. Solche Freundschaften haben logischer Weise eine größere Tiefe, aber auch eine höhere Empfindlichkeit.

Die Grenzen, die sich das Beziehungs-Paar setzt, sind allgemein gültig und in der Freundschaft bekannt – der Andere wird sie normalerweise nicht einfach überschreiten.

Freundschaft ist auch durch das Wachstum mit- und durcheinander geprägt: Deutlich wird auch bei allen Recherchen, dass in einer wahren Freundschaft ähnliche Gesinnungen bestehen und gemeinsame Entwicklungen vorausgesetzt sind. Es müssen eine Übereinstimmung in den Idealen und im Welt- und Menschenbegreifen vorhanden sein. Siegfried Kracauer beschreibt Freundschaft als das engste geistige Verhältnis, das die loseren Beziehungen der Kameradschaft, Fachgenossenschaft und Bekanntschaft mit einfasst. Er sagt: „Meine Existenz ist ihm voll gegenwärtig, er kennt mein Verhältnis zu den Menschen, und versteht, warum ich so und nicht anders handeln muss, denn noch zu dem widersprechenden Tun hat er die inneren Verbindungsfäden in Händen."

In Abgrenzung zu anderen sozialen Beziehungen erläutern Argyle & Henderson Freundschaft als eine Form der menschlichen Beziehung, die nicht wie die Ehe durch eine Zeremonie begründet sei und auch nicht, wie zwischen Arbeitskollegen oder Verwandten, abhängig von irgendwelchen Rollenbezügen. Freundschaft umschließe Menschen, die einander mögen und gern gemeinsam bestimmte Dinge unternehmen. Des Weiteren sei Freundschaft freiwillig und ohne klar umrissene Regeln. (https://de.wikipedia.org/wiki/Beziehung)

Immer wieder wird beschrieben, dass Freundschaft ein flexibler, dynamischer und multidimensionaler Prozess sei und dieser auch je nach Entwicklungsstand der Freundschaft variieren kann.

Sicher ist, dass Freundschaft eine Sozialbeziehung ist und auf Gegenseitigkeit beruht. Allerdings besitzt Freundschaft für jeden der Freunde einen Wert, der ein unterschiedlich starkes Gewicht haben und aus verschiedenen inhaltlichen Elementen zusammengesetzt sein kann.

Die Ausgestaltung von Freundschaften hängt auch von den Lebensbedingungen ab, die sich von Kultur zu Kultur oft stark unterscheiden und sich im Lauf der Zeit ändern. So ist der Freundschaftsbegriff in Deutschland und Frankreich von der Vorstellung einer „Seelenverwandtschaft" geprägt, die sich im literarischen Freundschaftskult des 18. Jahrhunderts widerspiegelt.

(https://de.wikipedia.org/wiki/Freundschaft)

Freundschaft ist prinzipiell ein wichtiger Bestandteil einer funktionierenden Gesellschaft.

Früher war es schwieriger, bei Personen, die räumlich voneinander getrennt leben mussten, eine Freundschaft aufrechterhalten zu können. Mobilität ist heutzutage kein solch großes Problem mehr und wo früher das Schreiben von Briefen ein wichtiges Mittel zur Pflege der Freundschaft war, ist es heutzutage mit Hilfe von Telefon und Internet einfacher Kontakte zu halten.

Durch die mittlerweile weitverbreitete Nutzung des Internets können Freundschaften noch schneller und auch gezielter gefunden werden. Social Media ermöglichen darüber hinaus unkomplizierte „Freundschaften" - auch ohne persönliche Begegnung. In virtuellen sozialen Netzwerken können Benutzer sehr viele „Freunde" haben, auch solche, die sie nie gesehen haben, von denen sie kaum etwas wissen und die sie auch nicht persönlich kennenlernen wollen. Auf Vor- und Nachteile gehe ich noch einmal gesondert ein.

Voraussetzung, um eine Freundschaft eingehen und halten zu können, ist eine positive Einstellung uns SELBST gegenüber und schlicht und ergreifend die Fähigkeit, Freundschaften LEBEN zu können. Im besten Fall können wir hier auf Erlerntes aus unserer Kindheit zurückgreifen – wenn wir schon als Kinder stabile Freundschaften hatten, wird es uns leichter fallen, diese auch als Erwachsene einfacher halten können.

Wenn wir eine negative Haltung uns selbst gegenüber haben – also meinen, wir seien nichts Wert, nicht interessant oder klug genug, dann strahlen wir das erstens aus und zweitens haben wir dann Angst, neue Beziehungen einzugehen, beziehungsweise erst einmal auf Leute zuzugehen. Wir müssen es schaffen Enttäuschungen auszuhalten und ebenfalls müssen wir lernen, einen sicheren emotionalen Umgang mit unserem Freund zu pflegen.

Ralph Waldo Emerson sagte: **„Es gibt nur einen Weg Freunde zu gewinnen: selbst einer zu sein".**

Und schon Aristoteles betonte drei Motive um Freundschaften einzugehen: Freundschaft um des Wesens Willen, des Nutzens Willen und der Lust Willen. Dies zeigt uns deutlich auf, dass es also verschiedene Formen und Motivationen gibt, Freundschaften einzugehen. Freundschaft hat meistens bestimmte Wertevorstellungen und Freude zum Ziel und beruht in der Regel auf Wesensgleichheit.

Es entwickeln sich ganz oft auch Freundschaften aus „Interessensgemeinschaften" heraus: ein Beispiel wäre in meinem Fall einerseits die MS: hier habe ich viele wertvolle Menschen kennengelernt (sowohl über Internet/Facebook, als auch in einer Selbsthilfegruppe in Mainz), mit denen mich mittlerweile zum Teil eine sehr tiefe und enge Freundschaft verbindet, die längst über die MS hinausgegangen ist. Hier spielte die MS die Rolle, dass wir uns kennengelernt haben, aber im wahren Freundschaftsverbund spielt sie mittlerweile nur noch eine untergeordnete Rolle und die Merkmale einer echten Freundschaft des Menschen willens stehen im Vordergrund.

Dann habe ich beispielsweise über die Hundeschule, in der ich ab und an Kurse mit meinem Hund Smiley besuche, nette Menschen kennengelernt. Erst haben uns unsere Hunde und das Interesse an der Hunde-Erziehung verbunden. Mit manchen Personen ist es auch genau das geblieben. Mit einigen wenigen aber ist mittlerweile eine ernsthaft enge und nahe Freundschaft entstanden, die zwar unsere Hunde miteinschließt, die aber ebenfalls längst über das ursprüngliche Interesse „Hundetraining" hinausgegangen ist.

Das heißt also, manchmal trifft man über gemeinsame Interessen auf Menschen, die das „Zeug" haben, auf einer völlig anderen Ebene ebenfalls zu Freunden zu werden – unabhängig vom ehemaligen Ausgangspunkt. In solch einem Moment entscheidet Sympathie und die spontane Zuneigung zueinander. Sonst hätte man sich im „Haufen" der Frauchen und Herrchen nicht gerade sie herausgesucht. In meinem Fall war es gar so, dass ich wirklich nur aus dem Hunde-Interesse dort hingegangen bin und absolut nicht aus war auf neue „Bekanntschaften". Dass ich gleich 2 gute Freundinnen finde, war weder geplant, noch habe ich das erwartet und es ist ein umso größeres Geschenk.

Aber all das heißt umgekehrt nicht, dass nur, weil ich MS oder einen Hund habe, ich mich mit MS´lern und/oder Hundebesitzern gut verstehen muss! Auch das muss klar und deutlich gesagt werden!

Freundschaft zu Kollegen ist deshalb sicherlich definitiv möglich – mit dem einen wird es eher eine engere Beziehung sein, mit einem anderen eine eher losere. Auch das ist Sache der Zuneigung und der ähnlichen Wertevorstellungen, auf die ich noch eingehen werde.

- ***Synonyme zu Freundschaft sind: Gemeinschaft, Kameradschaft, Miteinander***

Anmerkung: Was ich persönlich nicht so mag, ist dieser Satz, dass man seine Freunde immer und zu jeder Zeit stören und um Hilfe bitten können muss. Prinzipiell sehe ich das zwar genauso und wäre eine Freundin/ ein Freund in Not, würde ich absolut SOFORT auf der Matte stehen. Aber auch hier gilt es abzuwägen – sind wir mal ehrlich: Ich bin beispielsweise an MS erkrankt, brauche deshalb leider extrem viele Ruhepausen und leide unter abnormer Erschöpfung und Erschöpfbarkeit (Fatigue). Wenn diese nur durch eine Kleinigkeit überstrapaziert wird, kann es sein, dass ich wochenlang nicht mehr „hoch" komme, es mir wirklich sehr schlecht geht - und ganz extrem gesehen könnte dies sogar einen neuen Schub auslösen. Ich erzähle das, da ich der Meinung bin, dass auch solch ein Wissen um den Anderen, um seine Konstitution und Gesundheit, zum Alltag der Beziehung gehören muss und man nicht sorglos mit diesem oben erwähnten Satz umgehen sollte. Abgrenzung ist in jeder Beziehung wichtig, auch um Respekt und Achtung zu zollen und einzuhalten. Auch wenn sich dies nun egoistisch anhört – aber man muss auch an seine eigenen Kräfte und Ressourcen denken. Einen Blinden würden wir auch nicht bitten, uns ein Buch vorzulesen um uns abzulenken wenn wir traurig sind. So verhält es sich mit anderen Handicaps ähnlich. Ich würde meine MS-Freundin, die auf Grund ihrer Reizüberflutung und anderer Symptome nicht gut Auto fahren kann, nie mitten in der Nacht bitten, mich irgendwohin zu transportieren. Dafür gäbe es im Notfall auch ein Taxi. Ich finde, dass man dies absolut bedenken muss. Denn die Achtung vor der Persönlichkeit und auch vor den Beeinträchtigungen - und auch Eigenarten - des Anderen ist sehr sehr wichtig. Nur so kann eine Freundschaft auch auf Augenhöhe stattfinden. Den Anderen zu überfordern, weil man selbst höhere Erwartungen hat, ist sicher nicht angebracht. Es gehören auch hier 2 Menschen zur Beziehung und die Achtung ist ein großes GUT! Eine Freundschaft überzustrapazieren fände ich unmoralisch!

Natürlich gibt es Situationen, in denen mir meine Gesundheit als zweitrangig oder nicht nennenswert erscheinen würde: ginge es um meine Kinder, meine Familie und wirklich enge Freunde, würde ich die MS definitiv hinten anstellen. Und doch möchte ich mich hier mit diesem Satz vielleicht etwas provakant „auf Glatteis" begeben, um aufzuzeigen, dass jeder Mensch seine eigenen Grenzen hat und die gilt es zu achten. Ich kann einer Freundin nicht helfen, wenn ich selbst plötzlich nicht mehr laufen kann oder Sprachstörungen habe, weil mich die Situation gerade überfordert und die MS sich dann sofort mit ihren Symptomen rächt. Es ist also immer ein sorgfältiges Abwägen. und das erwarte ich umgekehrt ebenso. Es hat auch jeder ein anderes Arsenal an Reserven und Ressourcen – GUT, wenn man sie anzapfen kann. ☺

TEIL 1
FREUNDSCHAFT

*„Es heißt Freundschaft,
weil man mit Freunden alles schafft!"*
-unbekannt-

Wissenswertes:

Studien von Soziologen und Psychologen belegen, dass die Anzahl von echten Freunden bei den meisten Menschen ziemlich konstant bleibt: nämlich etwa zwischen fünf und zehn Personen.

Wenn man Freundschaft einmal aus ökonomischer Sicht betrachtet, ist sie eine Art „Tauschgeschäft": Jeder hat etwas von der Vertrautheit, in die man investiert und man steht sich gegenseitig mit Rat und Tat zur Seite, genießt gemeinsame Freude und Spaß und gibt sich Hilfestellungen.

Interessanter Weise stimmen heutige wissenschaftliche Forschungen sogar noch mit jenen aus der Antike größtenteils überein. So haben Aristoteles und Cicero erforscht, dass vor allem erfüllte, wertvolle Beziehungen Zufriedenheit im eigenen Leben bringen. Cicero betonte auch, dass die **Fähigkeit, gute Freundschaften zu schließen, nicht aus Schwäche und Vorteilsbedürftigkeit entstehen würde, sondern aus einem gesunden Selbstbewusstsein, Selbstvertrauen und innerer Stärke heraus.**

Auch Immanuel Kant glaubte nicht an einen wechselseitigen Vorteil, sondern an die **gegenseitige Hilfestellung** und diese sei kein "Bestimmungsgrund" der Freundschaft, sondern deren Ausdrucksform.

Klar ist aber auch: Man kann auch nicht allem und jedem gerecht werden. Das muss man sich immer wieder einmal ganz deutlich vor Augen führen. Wir können nicht jede Freundschaft gleich intensiv pflegen. Das geht einfach nicht. Man wird ebenfalls auch nicht jede Freundschaft die man hatte, für immer am Leben halten können. Wenn man sich weiterentwickelt und auch offen für neue Freundschaften sein möchte und dabei die wichtigsten Freunde behalten möchte, muss man (leider) manche Beziehungen einfach gehen lassen. Alles schafft man qualitativ selten. Je älter man wird, umso mehr setzt man meist auch Prioritäten. Chronisch Kranke setzen diese ebenso und oft noch präziser, da sie häufig mit ihrer Energie enorm haushalten müssen und es sich schlicht und ergreifend nicht leisten können, ihre wertvolle Energie an wenig guttuende Freunde zu verschwenden. Und selbst wenn man gerne Mal in Erinnerungen an alte Freundschaften schwelgen möchte, wenn man innerlich zerrissen ist – dies könnte dann den Fakt verdrängen, dass man sich doch einfach auseinandergelebt hat und sich womöglich nicht mehr viel zu sagen hat. Noch dazu ist das Schwelgen irreführend, denn man trauert einer Freundschaft nach, wie sie damals **war**. Heute hat sie sich womöglich verändert und hat längst nicht mehr diese Qualitäten - deshalb muss man einfach manchmal neu sortieren.

Ich hatte vor zig Jahren mit einer sehr alten Freundin aus Kindertagen plötzlich den Kontakt verloren und als ich mich wieder um Kontakt bemühte, wurde mir Feindseligkeit entgegengebracht. Mich hat dieses Verhalten damals einige Therapiestunden gekostet, bis wir herausfanden, warum diese Freundin so gehandelt hat. Als ich es begreifen konnte, wurde es mir leichter ums Herz und dennoch habe ich sie vermisst. Dann wurde mir aber klar, dass ich die „alte" Freundin, die „alte" Freundschaft vermisst habe, denn nun wäre sie durch diesen krassen Bruch verändert.

10 Jahre später ergab sich eine erneute Kontaktaufnahme und wir halten nun wieder Kontakt - locker, gereifter und anders - und mittlerweile ist das völlig ok so. Ich bin nicht mehr die „Alte" und sie auch nicht mehr. Menschen verändern sich; Lebens-Situationen ebenso und gereift können wir nun das aus unserer Freundschaft ziehen, was uns gut tut. Interessant war allerdings, dass trotz des Dramas und Bruches

doch wieder sofort eine gewisse alte Vertrautheit da war – zu viel hatten wir rund 30 Jahre lang gemeinsam erlebt, auch das prägt. ☺

Auch interessant sind folgende Studienergebnisse: Durch belohnende Interaktionen werden die Ziele des Selbst in Freundschaften gefördert. So können einem Freunde etwa vermitteln, dass man ein kompetenter Mensch ist, mit dem es sinnvoll ist, seine Zeit zu verbringen.

Freundschaft braucht Gegenliebe und Wohlwollen. Reines Wohlwollen allein reicht allerdings noch nicht, um eine feste Freundschaft aufzubauen, denn dieses kann man auch situativ unbekannten Menschen gegenüber haben.

> **GEHE DEINEN WEG –**
>
> wenn jemand mitkommen möchte,
> dann nimm ihn mit –
> aber geht in DEINE Richtung –
> ändere sie nicht seinetwegen und warte nicht …
>
> Du wirst spüren,
> wer Deinen Weg gerne mit DIR mitgeht …

Was zeichnet eine gute Freundschaft aus?

Viele Antworten, die ich bei meinen Recherchen oder den vielen Interviews bekam, waren: Freunde können sich aufeinander verlassen; sie vertrauen sich blind; sie verfolgen mit ihrer Freundschaft keinen besonderen Zweck, sondern es ist die Freundschaft selbst, die gut tut und zusammenhält; sie können offen über alles miteinander reden; sie können einander wertfrei begegnen; sie haben ein enges, verbindliches, nahes und ausgewogenes Verhältnis zueinander – sie nehmen sich so, wie sie sind.

Das Besondere ist, dass man sich in einer guten Beziehung/Freundschaft akzeptiert fühlen möchte und zwar mit all seinen Stärken und Schwächen – das heißt, wahre Freunde dürfen so sein, wie sie und was sie sind.

Für mich ist ein wichtiges Merkmal einer wahren und intensiv nahen Freundschaft, dass BEIDE ein vertrautes Gefühl miteinander haben, das auch dann besteht, wenn man sich lange Zeit nicht gesehen oder gesprochen/geschrieben hat. Wieder sofort anschließen zu können, einfach, weil man viel voneinander weiß – das ist wundervoll.

Außerdem gehört für mich das gegenseitige Begleiten und das einander Halt geben dazu. Bedingungslos vertrauen zu können – auch für den Notfall, dass die Freundschaft doch einmal irgendwann auseinanderbrechen sollte. Es gibt nur wenige wahre Freunde, die ihr Vertrauens-Versprechen auch unter den Trennungs-Umständen noch halten.

Keine leeren Versprechungen zu machen und sich doch auch einmal abgrenzen zu können – das ist in einer freundschaftlichen Beziehung genauso wichtig, wie in einer Ehe. Respekt, Zuneigung, Toleranz – das sind wichtige Grundbausteine, wie auch zu wissen, dass man sich rein theoretisch alles erzählen und über alles reden kann und die Gewissheit haben kann, dass vertraute Informationen nicht weitergetragen werden.

Es ist schön, wenn man in einer Freundschaft auch miteinander streiten kann, Kritik und offene Worte anbringen kann - allerdings ohne sich gegenseitig zu beleidigen, zu provozieren oder gar zu beschimpfen. Der Ton ist hierbei außerordentlich wichtig. Man darf sich auch Negatives sagen, aber in entsprechender Form, sodass es der Freund auch gut annehmen kann, ohne sich schämen zu müssen. Sich gegenseitig verzeihen zu können gehört ebenso dazu.

Es ist wunderbar, wenn man sich gegenseitig so geben kann wie man ist – locker und offen und ohne sich zu verbiegen und zu verstellen oder ohne einander etwas vorzumachen. Und wenn man das Miteinander unkompliziert genießen und doch nicht ständig zusammen sein muss ...

Eine Freundschaft muss in der Regel wachsen, selbst wenn man sich von Kindetagen an kennt. Denn auch hier spielt die Veränderung (der Lauf der Zeit) eine Rolle. Es gehören immer ZWEI (oder mehr) zu einer Beziehung und jeder ist in der „Pflicht". Sie ist wie ein zartes Pflänzchen, das Aufmerksamkeit und Pflege braucht. Eine kleine zarte Pflanze möchte groß und stark werden, sie möchte tiefe Wurzeln schlagen, damit sie auch jedem Sturm standhält und sich ihm gewachsen fühlt.

Das kann je nach Charakter der Freunde eine schwere oder auch eine leichte Aufgabe sein. Aber wie in einer Ehe auch, sollte man in einer Freundschaft, die einem wirklich etwas bedeutet, immer wieder bereit sein, viel zu investieren. Es zahlt sich aus und macht die Beziehung umso stärker, knüpft das eventuell noch zarte Band fester zusammen.

Freundschaft sollte man niemals als selbstverständlich ansehen, denn dann wird sie auch „egal" oder unwichtig. Echte tiefe Freundschaft ist ein Geschenk und wer es erhalten hat, sollte dankbar sein und mit diesem Geschenk sehr achtsam umgehen.

Dazu gehört auch, dass man die Art des Freundes „studiert", seine Vorlieben, Abneigungen, Eigenheiten kennenlernt und auch seine Probleme (z.B. Gesundheit/Scheidung) erkennt und immer miteinbezieht – und zwar ganzheitlich und vollkommen. Einem Blinden ein Buch zu schenken ist genauso „unpassend", wie einem fest im Rollstuhl Sitzenden etwa Walking-Stöcke zum gemeinsamen Sport zu schenken. Das hat für mich mit Achtung und Respekt zu tun und vor allem mit dem Annehmen und Anerkennen der Persönlichkeit des entsprechenden Menschen – in Ganzheit und Zuneigung.

Freundschaft ist ein immerwährendes Abwägen, ein Geben und Annehmen – so wie es auch in einer festen Partnerschaft funktioniert. Man muss sich genügend Freiräume geben, darf weder bevormunden noch einengen oder gar eifersüchtig auf andere Freunde sein. Wenn Sie einen wirklich guten Freund gefunden haben, wird dieser auch den Stellenwert **Ihrer gemeinsamen** Beziehung kennen und schätzen.

Natürlich schadet es keiner Beziehung, wenn man den anderen lobt oder ihm auch mitteilt, wie wichtig er einem ist – aber das sollte wirklich ohne „Besitzanspruch" passieren.

Wertfreiheit, Toleranz und Vertrauen sind wirkliche Schlüsselwörter; sie sind die Basis für eine enge gute Freundschaft. Ich muss meinem Freund auch GÖNNEN, dass er andere Freunde hat, dass er vielleicht „mehr Geld" hat, oder einen tollen (Ehe)-Partner. Wenn man das alles schafft, wird man sehr viel aus dieser gemeinsamen Beziehung mitnehmen und schöpfen können; man kann neue Erfahrungen sammeln, neue Inspirationen und Impulse erhalten – eine Quelle an Neuem und somit auch an unerschöpflichen Chancen und Möglichkeiten.

Auf den Anderen einzugehen ist keine Schwäche, sondern Größe und gesunde Neugierde, denn nur so kommt man vorwärts. Kompromisse gehören genauso dazu – es sollte eine Ausgewogenheit stattfinden, die Freundschaft sollte in Balance sein, es aber auch aushalten, wenn das Gleichgewicht einmal ungleich ist.

Zuhören und sich zurückhalten; helfen ohne überzustülpen und übergriffig zu sein; da sein ohne einzuengen; Empathie und Verständnis haben und doch auch einen Weg weisen; Tipps geben ohne mit Rat-SCHLÄGEN zu erschlagen – den Anderen annehmen…

Ganz dabei sein, nah und innig verbunden und doch auch abgrenzend: das ist die Kunst einer jeden Freundschaft!

Eine gute Freundschaft zeichnet es ebenfalls aus, wenn das Verstehen weitgreifend ist. Nicht nur für den Moment, sondern nachhaltig mit-denkend.

Beispielsweise wurde ich zu einem Junggesellenabschied für eine liebe Freundin eingeladen, den ich aber im Vorfeld nach reichlicher Überlegung dann doch abgesagt habe. Der geplante Ablauf war einfach zu heftig für mich. Ich erwähnte dies der Organisatorin gegenüber und sie hat trotzdem versucht mich zu überreden, hat aber auch völlig verstanden, als ich definitiv absagte. Erstens kann ich auf Grund meiner MS-Symptome keinen ganzen Tag mehr (inclusive Zugfahrt, Stadtführung, laufen und reden, feiern und all dem Trubel) aushalten; zweitens bräuchte ich VIEL Hilfe in Form von Stützen und so weiter und drittens möchte ich niemandem zur Last fallen oder gar den Tag verderben, was zwangsläufig passiert wäre, da ich ein zu großes „Handicap" für solch einen Tagesausflug darstelle.

Aber das Besondere war für mich, dass sie mich überhaupt gefragt haben und nicht schon im Vorneherein dachten, dass es sicher „sowieso zu viel für mich sei". Sie haben mich ernst genommen als Menschen und mir die Wahl und meine freie Entscheidung gelassen in dem Wissen, dass sie es akzeptieren. Ein Geschenk im Miteinander.

Des Weiteren haben sie mich teilhaben lassen, indem sie mir Fotos geschickt haben und meine Freundin rief mich dann nach dem Ausflug an und erzählte davon und sagte mir, sie hätten mich alle vermisst, aber sie könne es so gut verstehen.

Ich berichte hier davon, weil es ein gutes Beispiel an VERSTE-HEN ist, an Mitgefühl und MIT-Denken. Das ist für mich gelebte Freundschaft.

Natürlich war ich tief traurig, dass meine MS mir solche Grenzen setzt und da es in einer weit entfernten Stadt stattgefunden hat, konnte ich auch nicht notfalls „schnell nach Hause" fahren oder abgeholt werden und es stand somit allein schon deshalb außer Frage. Aber Anteilnahme zu spüren, das hat gut getan und Vieles entschädigt. Es ist immer der Umgang untereinander, das liebevolle respektvolle und achtsame Miteinander, das die Beziehung ausmacht und festigt. Genau dies stärkt das Band der Freundschaft. Auch meine Freundin musste ja eine/diese Enttäuschung innerhalb unserer Freundschaft hinnehmen, das darf man auch nicht vergessen. Bei einem stabilen Bund steht aber das gegenseitige absolute Vertrauen im Vordergrund.

Deshalb zeichnet für mein Empfinden eine gute Freundschaft genau dies aus - wenn man versucht, alle Eventualitäten, Möglichkeiten und Bedürfnisse des Anderen miteinzuplanen. Dann fühlt sich der Andere als GANZES wahrgenommen und geschätzt und kann frei entscheiden. Dies hat uns beispielsweise eher noch einmal mehr verbunden, denn wir konnten im Nachhinein ja darüber reden (Vorher konnte ich ja nicht mit ihr sprechen, da es eine Überraschung sein sollte!).

- ✓ Wenn sich Freunde also immer als Ganzheit wahrnehmen, mit allem „Für und Wider", mit der Gesamt-Persönlichkeit und der Gesamt-Situation, dann ist echte und tiefe Freundschaft möglich.

Auch auf einen eventuellen Schichtplan eines Freundes Rücksicht zu nehmen halte ich für eine Freundschaftsgeste – so gibt es unzählige Beispiele um Aufmerksamkeit und Achtung liebevoll zu zollen.

Ebenso verhält es sich, wenn einer der Freunde beispielsweise Mal einen Termin nicht einhalten kann, den Geburtstag vergisst oder in einer bestimmten Phase seines Lebens vielleicht nicht immer parat stehen kann – eine gute freundschaftliche Beziehung hält das aus, denn man vertraut dem Anderen. Man vertraut dem, was er beschreibt und passt sich an. Wenn dies auf Gegenseitigkeit beruht ist es auch kein Opfer, sondern eine Selbstverständlichkeit.

Freundschaften

Denn die Freundschaft ist die Kunst des freien Menschen. Und es gibt keine Freundschaft, ohne gegenseitiges Verständnis."
-Albert Camus-

Freundschaften prägen schon von Kindheit an unser Leben. Bereits im Kindergartenalter entwickeln sich enge Bindungen zu anderen Kindern. Im Idealfall bleiben diese Beziehungen bis ins Erwachsenenalter hinein erhalten. Manche allerdings lösen sich auf.

Besonders in der Jugendzeit/Pubertät spielt der Freundeskreis oder der beste Freund/die beste Freundin eine entscheidende und prägende Rolle. Prinzipiell ist der Mensch ja als soziales Wesen auf positive Beziehungen zu Anderen angewiesen und sucht meist automatisch Gleichgesinnte.

Manche Wissenschaftler untergliedern eine entstehende Freundschaft in 3 Phasen.

Beispielsweise wird die erste Phase als **Nutzfreundschaft** bezeichnet, da sie nur geschlossen wird, da die Beteiligten (aus welchen Motiven auch immer) voneinander profitieren. Das ist nicht nur negativ zu betrachten, denn im Kindergarten entstehen solche Freundschaften ebenso, wie in der Nachbarschaft oder Vereinen.

Die 2. Phase nennt sich dann **Zweckfreundschaft**, was bedeutet, dass die Beteiligten in ihrer Freizeit aus freien Stücken zueinanderfinden, um einen bestimmten Zweck zu verfolgen (Sport, Musik, Kunst) – es geht darum, mit gemeinsamen Interessen Zeit miteinander zu verbringen.

Die 3. Phase geht dann in die Freundschaft über und ist unter anderem dadurch gekennzeichnet, dass Menschen zueinander kommen, **ohne bestimmte Ziele**, Zwecke, Nutzen etc. zu verfolgen. Diesen Menschen ist es in ihrer Beziehung zueinander nicht wichtig, ob sie selbst Gewinner oder Verlierer sind; Überlegenheit spielt keine Rolle mehr. (frei nach https://de.wikipedia.org/wiki/Freundschaft)

Freundschaften sollen also einzigartig und wohltuend sein, sie sollen gut tun, fördern, helfen und vor allem eins: bereichern.

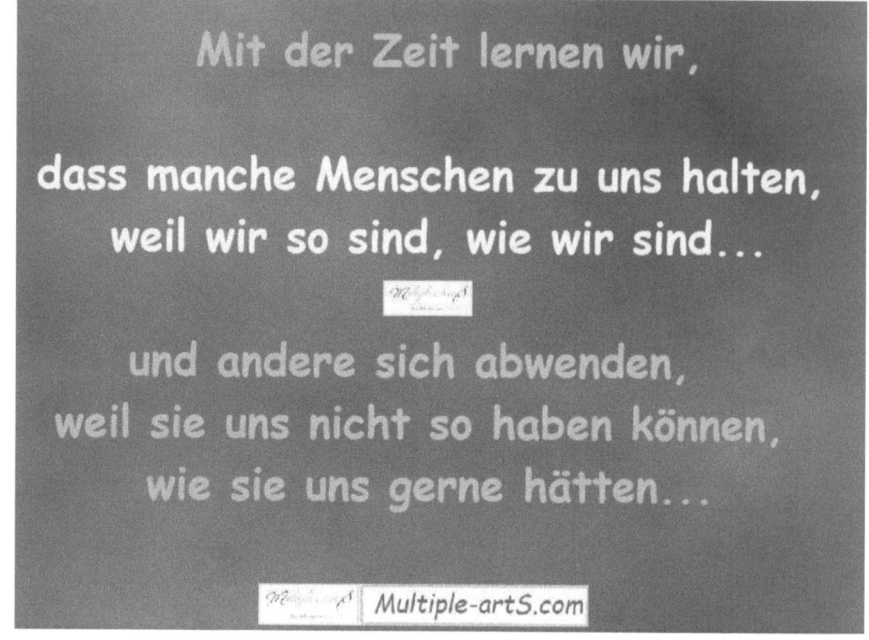

Aber es kann auch eine Zeit kommen, an dem sich die Interessen und somit womöglich auch die Lebenswege trennen werden – sie gehen auseinander und das ist normal. Es wird auch Zeiten geben, in denen der gegenseitige Kontakt abreißt. Wenn eine Freundschaft aber ein festes und stabiles Band hat, können alte Freunde trotzdem erhalten bleiben – auch über eine stumme Zeit hinweg. Alles ist möglich und man muss sich klar darüber sein und werden, was man von dieser einen Freundschaft erwartet und ob es erfüllt werden kann.

Denn man hat ja meistens nicht nur die eine Freundschaft. Ich habe im Laufe meines Lebens festgestellt, dass selten eine Freundin „alles" bedienen kann. Ich genieße somit unterschiedliche Freunde – mit den einen kann ich über Weltpolitik reden, mit den anderen eher über Freizeit und Deko, mit den nächsten über psychologische Themen und mit nochmal anderen über „alles und nichts". Es ist für mich dann trotzdem jeweils (wenn sonst alles soweit stimmig ist) erfüllend, da ich mich dann auf diese Person einstellen kann und auch weiß, was ich mit ihr am besten erzählen oder auch erörtern kann. Diese Unterschiedlichkeit macht das Faszinierende aus.

In der heutigen Zeit ist es durch die Medien, wie SMS und Email zum Glück recht einfach, mal „auf die Schnelle" einen Kontakt zu halten, sich unverbindlich zu melden oder mal nachzufragen, wie es dem Anderen geht. Mich entlasten diese Möglichkeiten enorm, da mich das Telefonieren auf Grund meiner Beeinträchtigungen (Reizüberflutung, zu lang konzentrieren, Spastiken in den Händen) zu sehr anstrengt… Eine Mail kann ich dann beantworten, wenn es gerade bei mir passt – das ist der Vorteil. Meine wahren Freunde wissen das auch und so kommunizieren wir eher selten via Telefon.

Freundschaften sind also etwas Individuelles und am Schönsten ist es, wenn man nicht groß nachdenken muss, sondern seinen Freund so gut kennt, dass man diese gegenseitigen Gewohnheiten einfach integriert.

Freundschaft ist eine zwischenmenschliche Beziehung, die besonders viel individuellen Gestaltungsspielraum bietet. Freundinnen und Freunde bestimmen selbst wie die Freundschaft geführt werden soll, wie intensiv, wie nah, wie offen, wie oft und in welcher Art und Weise sie füreinander da sein wollen. Freundschaft kann nicht über bestimmte Inhalte oder Handlungen charakterisiert werden.

Leider gibt es aber auch die "**falschen**" Freunde. Oft erkennt man erst im Nachhinein, wenn sich die Beziehung aufgelöst hat, dass sie „falsch" war. Bisweilen gehen einem im Nachhinein auch die „Augen auf" – als ob man schon etwas geahnt hätte. Manchmal spürt man schon während der Beziehung, dass etwas nicht stimmt, aber man kann es vielleicht nicht zuordnen, oder man traut sich nicht genauer hinzuschauen. Außerdem geht es ja oft auch um „Abhängigkeiten" oder man fühlt sich verpflichtet. Ich habe aus bitteren Enttäuschungen lernen müssen, dass ich mich bei dem ersten „Bauchgefühl", das mir kam, schon aus manch einer Freundschaft hätte lösen müssen.

Genauso wichtig ist es, sich auch innerhalb einer Beziehung abzugrenzen. Wenn Grenzen verschwimmen, ist das höchstens für eine Seite gut, selten für beide Seiten…. Es fällt oft schwer, sich in einem Beziehungsgeflecht abzugrenzen, weil man Angst vor Ablehnung hat. Im Nachhinein ist mir aber mehr als einmal deutlich geworden, dass ich mich in den meisten „falschen" Beziehungen schon viel früher hätte abwenden und „Klartext" reden müssen. Es kommt, wenn die Freundschaft nicht echt ist, sowieso irgendwann zum Bruch.... Schwer ist das allerdings... Aber aus Fehlern lernt man ja bekanntlich! ☺

Manchmal durchschaut man aber auch gewisse Machenschaften der falschen Freunde nicht und erlebt dann plötzlich etwas, das sehr erschreckend ist. Oft hat der Andere Probleme mit sich selbst, seiner Familie und/oder seinem Selbstwertgefühl und merkt es selbst leider nicht – so ist oft ein Drama vorprogrammiert. Auch das musste ich erleben und solchen Personen ist einfach nicht mit gesundem Menschenverstand beizukommen... Sie sehen sich selbst ja in einem ganz anderen Licht, sie wiederholen sich oft und reden manchmal vielleicht auch etwas wirr.... und all das unter einem „Deckmäntelchen" wie Hilfsbereitschaft („Sie wollen doch nur helfen!"), was es dann nochmals schwerer macht, sich zu lösen. Man will den Anderen ja nicht brüskieren oder verletzen... Aber genau das passiert dann sicherlich, wenn es zum Bruch kommt sowieso automatisch, vor allem wenn derjenige nicht vernünftig mit sich reden lässt.

Was ich persönlich ganz schlimm finde und nun auch schon zwei Mal erlebt habe, ist, dass im Vertrauen erzählte Dinge nach einer Trennung locker flockig weitergetratscht und noch falsch ausgeschmückt und dann noch gegen mich verwendet wurden. **Das ist für mich Vertrauensbruch aller höchster Güte** – denn das sollte in einer jeden Freundschaft klar sein: das, was im Vertrauen erzählt wurde, sollte auch dort bleiben – auch bei einer Trennung! An diesen *Ehrenkodex* halten sich leider nicht viele Menschen. Es zeichnet sie nicht aus, denn sie verhalten sich wie gekränkte Kleinkinder und zeigen nur eins: sie wollen „Rache" und das zeigt, dass sie arm sind. Arm an Selbstvertrauen, arm an Loyalität und vor allem sind sie gemein und verräterisch. Solche Menschen kann ich nicht ehren oder respektieren – es ist schon selbst im Nachhinein für mich schwierig zu begreifen, wieso ich sie überhaupt jemals als echten Freund ansehen konnte....

Trotzdem sollte man wieder den Mut haben, in anderen Beziehungen/Freundschaften Vertrauen aufzubauen. Aber ich höre nun mehr auf mein Bauchgefühl und gebe mehr Acht! Zum Glück erlebt man so etwas nicht so oft und eigentlich kann man froh sein, solch verleumdende Menschen los zu sein.

Es gibt zwei Typen falscher Freunde.

- Die **Harmlosen**: man mag sich vielleicht einfach nicht und spürt, dass man sich nicht wirklich gut tut, aber beide sind einfach zu höflich oder ängstlich, um das zuzugeben. Im Grunde täuscht man dann aber eine Freundschaft vor. Sinnlos!

- Die **Ausnutzer/Mobber/Lügner**: fast jeder wird es schon erlebt haben, dass ihm jemand in den Rücken gefallen ist. Womöglich war das sogar jemand, dem man sein vollstes Vertrauen geschenkt hat. Dann tut es besonders weh, wenn man schonungslos ausgenutzt, belogen oder schikaniert wird.

Wenn wir aber davon ausgehen, dass uns mehr „gute" als „falsche" Freunde begegnen, sind wir reich beschert.

Freunde sind wirklich etwas Wunderbares, etwas Erfüllendes und Wohltuendes. Ohne sie wäre das Leben langweiliger, weniger inspirierend und leerer. Freundschaften zu knüpfen, sie zu pflegen und sie notfalls (hoffentlich auch im Guten) aufzulösen, sind wichtige und nie endende Prozesse. Denn es gibt auch die Menschen auf unserem Lebensweg, ohne die wir nicht die Person wären, die wir heute sind. Freunde haben einen großen Einfluss auf unser Leben. Nachhaltig sogar.

Und nicht zu vergessen sind die unterschiedlichen Möglichkeiten der Freundschaften: eine Paar-Freundschaft, die aus 2 Personen (geschlechtsunabhängig) besteht, oder die Freundschaft innerhalb einer Gruppe. Eine Zweier-Freundschaft wird natürlich immer etwas intensiver sein als eine Gruppen-Freundschaft.

Ob nun Freundschaften edel sind, aus einer Not oder aus menschlicher Dringlichkeit heraus entstehen – darüber dürfen sich die Gelehrten ihre Köpfe zerbrechen. ☺

Wir in unserer heutigen Zeit können froh sein, wenn wir GUTE Freunde haben, auf die wir wirklich zählen können. Mit gesundem Menschenverstand wird man spätestens nach einem Problem/Zwist spüren, um welche Art der Freundschaft es sich gehandelt hat oder handelt und wie wichtig uns genau diese Beziehung ist. Ist sie wichtig genug aufrechterhalten zu werden und für sie zu kämpfen, oder hat sie uns so verletzt, dass wir uns lieber verabschieden?!

Ich persönlich habe noch in keiner Freundschaft irgendeinen Wert „ermessen" oder gar einen Vorteil gesucht. Ich nehme Freundschaften an, wenn sie sich bieten und ich das Gefühl habe, dass sie passen. Wie der Verlauf einer solchen Freundschaft ist, merke ich dann mit der Zeit. Eine reine Zweck-Freundschaft hatte ich ebenfalls noch nie, denn für mich sind Freundschaften etwas Emotionales; ich möchte mich aufgehoben fühlen.

Manchmal habe ich eine Freundschaft unterschätzt und sie wurde zu einer wirklich außergewöhnlich nahen und innigen Bindung; in andere Beziehungen hatte ich zu viel hineingelegt (hinein interpretiert?) und wurde bitter enttäuscht. Aber das ist der ganz normale Lauf des Lebens, der uns immerhin viele Erfahrungen, an denen man wachsen kann, mit auf den Weg gibt.

Erwartungen:

Was mich aber immer wieder „philosophisch" beschäftigt, ist die Frage, ob es möglich ist, an eine Freundschaft so gar keine Erwartungen zu stellen? Denn habe ich nicht automatisch in dem Moment, in dem ich eine Freundschaft eingehe, Erwartungen an mein Gegenüber?

Ich liebe es, von Freunden inspiriert zu werden, etwas von ihnen lernen und mich mit ihnen austauschen zu können – also liebe ich auch deren Anders-Sein – denn wenn sie es nicht wären, könnten sie mich ja nicht inspirieren. Und doch möchte ich keine Erwartungen an sie stellen. Allerdings macht das unbewusst vermutlich jeder mehr oder weniger intensiv. Die Frage ist, in welcher For man die Erwartungen stellt und wie hoch. Die für mich völlig normale Erwartung an einen Freund, dass er loyal und vertrauensvoll ist, ist sicher nicht erhöht, sondern der normale Anspruch an eine enge Freundschaft. Vermutlich hängt die Form der Erwartungen, die man in Freundschaften steckt, von der Art des Beziehungsverhältnisses ab.

Wenn ich einen Freund habe, der ebenfalls MS hat, gehe ich davon aus, dass er mich versteht (besser als jemand, der diese Krankheit nicht kennt). Also erwarte ich von ihm eher ein begründetes Verständnis; von einem anderen Freund würde ich dies nicht erwarten. Deshalb sollte man sich wirklich immer wieder Mal seinen Freunden liebevoll und wertfrei in Gedanken widmen und die „Form der Freundschaft" lokalisieren, um erhöhten Erwartungen den Wind aus den Segeln nehmen zu können und sich selbst wieder einmal genauer reflektieren zu können. ☺

Sicherlich braucht jeder Mensch Freunde und ebenso sicher ist, dass sich dieses „Verlangen" im Laufe unseres Lebens verändert. Die Frage ist nur, welche Art der Freunde man braucht: Der eine möchte vielleicht einen Freund, der ein Spiegelbild seines eigenen Ichs sein soll, der andere ein Vorbild und der nächste sucht eher einen Freund, der sich voll und ganz um ihn kümmert. Wenn man für sich und seine Freunde herauskristallisiert hat, warum man sie hat, was sie einem geben können (und wir ihnen), dann kann man das ganze Beziehungsgeflecht einmal aus einer anderen Perspektive beleuchten und sich somit vielleicht auch einiges erklären. (Zum Beispiel Verhaltensweisen des Freundes, die uns komisch vorkamen, lassen sich plötzlich mit der anderen Sichtweise auf ihn erklären und sind dadurch nicht mehr so verletzend).

Ansichten zu Freundschaften
Zusammengetragen aus vielen Interviews

- ➢ „Wirkliche, richtige und aufrichtige Freunde sind einfach nur unbezahlbar".
- ➢ „Dabei macht es nichts aus, ob man oft oder täglich miteinander schreibt, sondern dass man weiß, dass man sich immer melden kann, wenn etwas Wichtiges ist und es für keinen ein „Opfer" ist für den anderen da zu sein".
- ➢ „Das Versprechen, dass man immer befreundet bleibt, ist mir persönlich zu gefährlich - denn keiner weiß, was die

Zukunft bringt, wie man sich auseinander lebt oder wie sich alles weiter entwickelt".
- „Auf der Seite von und hinter Freunden zu stehen, geht besser, wenn man sich des Anderen sicher sein kann".
- „Freundschaft beruht auf Freiwilligkeit bezüglich Wahl, Gestaltung und Fortbestand der Beziehung".
- „Freundschaft hat als unabdingbaren Bestandteil einen positiven Charakter".
- „Füreinander da sein, sich unterstützen und sich nie lästig oder überflüssig vorkommen - das ist Freundschaft".
- „Über Themen reden, über die man sonst mit kaum jemand anderen reden würde".
- „Vertrauen, dass das anvertraute Wissen nie missbraucht oder mit Füßen getreten wird".
- „Freundschaft ist eine persönliche Sozialbeziehung, deren Existenz auf Gegenseitigkeit beruht".
- „Manchmal ist es auch ok, wenn man jahrelang keinen Kontakt hatte und sich beim nächsten Treffen trotzdem so fühlt als wäre man nie getrennt gewesen. Dann musste vielleicht Mal eine Pause sein, aber es ist nichts Persönliches".
- „Freundschaft beinhaltet einen Vergangenheits- und einen Zukunftsaspekt".
- „Freundschaft besitzt für jede Freundin und jeden Freund einen Wert, der unterschiedlich starkes Gewicht haben und aus verschiedenen inhaltlichen Elementen zusammengesetzt sein kann".
- „Freundschaft äußert sich in gegenseitiger Hilfe und dem Eintreten füreinander".
- „Freundschaft besitzt Einfühlungsvermögen".
- „Freundschaft ist: Offenheit und Kritikfähigkeit".
- „Freundschaft ist auch Uneigennützigkeit"

„Grundausstattung" für Freundschaften

Um ein guter Freund zu sein – das habe ich in den nachfolgenden Kapiteln erwähnt – gehört auch eine gute Selbstwahrnehmung.

Denn immer wieder wird ein Zusammenhang zwischen dem Verhalten der eigenen Persönlichkeit zu sich selbst und dem Verhalten zu der anderen Person beobachtet. Wer ein stabiles Selbstvertrauen (und auch ein gutes Selbstbild) hat, hat deutlich mehr Chancen auf enge tiefe und vor allem anhaltende Freundschaften.

Respekt, Toleranz und Achtung sind die Schlüsselwörter und dies alles kann man nur geben, wenn man auch sich selbst gegenüber achtsam und respektvoll ist.

Unsichere Menschen beispielsweise neigen eher dazu an Freundschaften zu „klammern" und können damit ihren Freund regelrecht erdrücken, ihm die Luft zum Atmen rauben. Oft erwarten diese Personen auch von einer Freundschaft, dass sie ihnen etwas „erfüllen" solle, was sie alleine nicht schaffen würden. Das ist eine Erwartungshaltung die auf Dauer nicht funktionieren kann, denn sie überfordert beide Parteien. Diejenigen, die aber in sich ruhen, können eine Freundschaft einfach nur als Bereicherung ansehen, als Inspiration und Kraftquelle. Solche Menschen lieben Freundschaften, aber auf Augenhöhe. Es scheint schon von frühen Gelehrten, wie Cicero und Aristoteles, bis in die heutige Zeit hinein erkannt worden zu sein, dass jemand, der sich über seine eigene Wirkung im Klaren ist und noch dazu vielleicht ein stabiles Vertrauen in sich selbst (Selbstvertrauen), in seine eigene Kraft und Stärke hat, sich deutlich besser in eine Freundschaft fügen kann, als ein unsicherer Mensch. Denn nur wer sich selbst akzeptiert und in einem gesunden Maße liebt, kann dies weitergeben und auch zeigen. Gefühle zeigen, Lob und Anerkennung auszusprechen – das ist in einer jeden Beziehung notwendig und gehört einfach dazu.

Ob sich nun Gegensätze anziehen, oder Harmonie nur durch Gleichklang entstehen kann – das sei dahingestellt. Dies haben sich schon vor tausenden von Jahren die Gelehrten gefragt. Wichtig ist meiner Meinung nach, dass sich die Beteiligten in einer Freundschaft wohl und aufgehoben, anerkannt und gemocht fühlen. Ohne Gemeinsamkeiten funktioniert sicherlich keine Freundschaft, aber sich zu ergänzen kann auch sehr stimulierend sein.

Sicher bin ich mir allerdings, dass das intellektuelle Niveau einigermaßen passen muss, sowie dass die persönlichen und psychischen Besonderheiten miteinander vereinbar sind. Die emotionale Verbundenheit zueinander steht für mich ebenfalls im Vordergrund; allerdings kann diese nur reifen, wenn auch gewisse andere Voraussetzungen stimmen.

Nur so kann sich das Grundelement „Vertrauen" bilden und sich über die Zeit hinweg vertiefen. Ein Freund sollte jemand sein, mit dem man aufrichtig sein kann, vor dem man laut denken kann. Einem Freund möchte ich mein Leben und meine größten Probleme preisgeben können. Ich möchte vor einem Freund keine Geheimnisse haben müssen und vor allem möchte ich bei einem Freund niemals die Angst haben müssen, er könne mich auf Grund meiner Probleme oder Lebensumstände ablehnen.

Geben und Nehmen

Gute und enge Freundschaften zeichnen sich durch ein Geben und Nehmen aus. In unausgeglichenen Freundschaften kann ein Ungleich-Verhältnis dessen auch Unzufriedenheit oder Enttäuschung auslösen. Der Schlüssel liegt also in der Freiwilligkeit und in dem Vertrauen, dass ein Ausgleich stattfinden **wird**. Jeder kennt es, dass ein Freund eine Zeit lang enorm viele Probleme hat und man selbst deshalb zurücksteckt (oder umgekehrt). In guten Freundschaften ist das kein Problem, da man weiß, umgekehrt wäre es genauso verlaufen.

Das Ganze würde dann zu einem Problem werden, wenn dieses momentane Ungleichgewicht zum Thema innerhalb der Beziehung wird und somit einen negativen Beigeschmack bekommt. Dann nämlich kann sich keiner der beiden Beteiligten mehr frei und locker fühlen – plötzlich wird „gemessen"! Das wäre der Killer einer jeden Beziehung - so verhält es sich beispielsweise auch beim „Schenken": wenn man ohne eine Verpflichtungsabsicht, sondern aus innerem Antrieb und Freude am Schenken *gibt*, kann sich der Beschenkte frei und geliebt fühlen und kann das Geschenk mit Freude annehmen. Würde er daraus die Verpflichtung ableiten, dem Anderen auch unbedingt etwas schenken zu müssen, wäre alle Lockerheit und Unkompliziertheit dahin. Erwartungshaltungen sind für Freundschaften und andere Beziehungen immer sehr schwierig und lösen meistens einen Gegendruck aus.

Apropos Geschenk: Das größte Geschenk, das man innerhalb einer Freundschaft machen kann, ist die Aufmerksamkeit und Zeit des Freundes. Die Anerkennung und Achtung, die er seinem Freund damit zollt, ist mit fast nichts zu ersetzen.

Freundschaften sind oft dann besonders innig, wenn man einen Freund mit ähnlichen Wertevorstellungen hat. Wenn man sich in ihm wiedererkennt oder gar spiegelt, wenn man frei sagen kann: „Das hätte ich genauso gemacht!". Dazu gibt es unzählige psychologische Abhandlungen mit allem Für und Wider.

Im besten Fall spielen dann etwaige Überlegungen des Nutzens, sowie auch des Vergnügens, der gegenseitigen Hilfe oder anderer Erwartungen, keine Rolle. Denn das eigene Verhalten und das des

Freundes unterscheiden sich dann kaum. Man findet sich wieder im Anderen.

Große **grundsätzliche** Differenzen, wie politische Ansichten, stark auseinandergehende Erziehungsmethoden oder andere schwer unterschiedliche Ansichten sind sicherlich keine gute Basis für eine enge Freundschaft und würden zu oft zu ernsthaften Auseinandersetzungen führen.

EMOTIONEN

Emotionen sind momentan subjektiv empfundene Gefühle. Emotionen lassen sich in angenehme und unangenehme Gefühle unterscheiden. Diese können in ihrer Heftigkeit natürlich völlig unterschiedlich sein.

Angenehme Gefühle sind beispielsweise Freude und Lachen; unangenehme Gefühle sind zum Beispiel Angst, Trauer, Scham.

Die Fähigkeit sich im Dschungel der Gefühle zurechtzufinden, sie auszuhalten und einordnen zu können, ist Voraussetzung für das Gelingen und Standhalten jeder Beziehung/Freundschaft. Wer immer schnell beleidigt und eingeschnappt ist, wird kein begehrter Freundschafts-Partner sein. Wer nicht zuhören kann, ebenfalls nicht. Deshalb ist es so wichtig, auch mit sich selbst einigermaßen im Reinen zu sein, wenn man tiefe Freundschaften eingehen möchte. Freundschaften sind immer ein Geben und Nehmen und zu beidem muss man bereit sein.

In meinem Buch „Akzeptanz und Bewältigung chronischer Erkrankungen und Depressionen" bin ich schon detailliert auf all diese wichtigen und grundlegenden Werte eingegangen. Nur wer einen stabilen Selbstwert hat kann auch Positives ausstrahlen.

Vertrauen

***Vertrauen ist eine Oase des Herzens,
die von der Karawane des Denkens nie erreicht wird.***
-Khalil Gibran -

Vertrauen ist in psychologisch-persönlichkeits-theoretischer Perspektive definiert als subjektive Überzeugung von der (oder auch als Gefühl für oder Glaube an die) Richtigkeit, Wahrheit bzw. Redlichkeit von Personen, von Handlungen, Einsichten und Aussagen eines anderen oder von sich selbst (Selbstvertrauen).

Zum Vertrauen gehört auch die Überzeugung der Möglichkeit von Handlungen und der Fähigkeit zu Handlungen. Man spricht dann eher von Zutrauen. Als das Gegenteil des Vertrauens gilt das Misstrauen. (https://de.wikipedia.org/wiki/Vertrauen)

Vertrauen ist die Basis einer jeden Beziehung. Ohne Vertrauen fehlt der Grundstock und somit das Zutrauen. Dass in Freundschaften und Liebesbeziehungen das Vertrauen so oft missbraucht wird, ist interessant und natürlich traurig.

Vertrauensdimensionen in Bezug auf Freundschaften:
(nach https://de.wikipedia.org/wiki/Vertrauen)

„Vertrauen ist der Wille, sich verletzlich zu zeigen."

Dieser einfache Satz umfasst mehrere Vertrauensdimensionen:
- Vertrauen entsteht in Situationen, in denen der Vertrauende (der Vertrauensgeber) mehr verlieren als gewinnen kann – er riskiert einen Schaden bzw. eine Verletzung.
- Vertrauen manifestiert sich in Handlungen, die die eigene Verletzlichkeit erhöhen. Man liefert sich dem Vertrauensnehmer aus und setzt zum Vertrauenssprung an.
- Der Grund, warum man sich ausliefert, ist die positive Erwartung, dass der Vertrauensnehmer die Situation nicht zum Schaden des Vertrauensgebers verwendet.

Je nach Dauer und Intensität einer Beziehung und je nach Informationsgrundlage bezieht sich das Vertrauen:
- auf die Situation – es entsteht situationsbasiertes Vertrauen.
- auf die wahrgenommene Vertrauenswürdigkeit des Vertrauensnehmers – es entsteht eigenschaftsbasiertes Vertrauen.
- auf gemeinsam geteilte Normen und Werte von Vertrauensgeber und Vertrauensnehmer – es entsteht identifikationsbasiertes Vertrauen.

Vertrauensbeziehungen basieren oft auf Gegenseitigkeit. Identifikationsbasiertes Vertrauen basiert auf gemeinsamen Erfahrungen und früheren Handlungen sowie auf gegenseitigem Verstehen. In Partnerschaften gedeiht gegenseitiges Vertrauen umso stärker, je feinfühliger die Partner wechselseitig auf die Gefühle des jeweils anderen eingehen können.

Hierzu Ausschnitte aus meinem Buch „Akzeptanz und Bewältigung chronischer Krankheiten und Depressionen":

1) Urvertrauen

Urvertrauen: der Soziologe Dieter Claessens hat 1962 das Konzept eines „Urvertrauens" neu entwickelt, empirisch enger bestimmt und damit gezielt das erste Lebensjahr des Säuglings thematisiert. Es geht bei Claessens biosoziologisch darum, ob der Säugling überhaupt lernt, Vertrauen zu irgendetwas zu entwickeln (also ein künftighin wirkendes „Vertrauen in Vertrauen"). Nach ihm erwirbt jeder Mensch in der allerersten Lebenszeit die Grundeinstellung, dass er Situationen und Menschen vertrauen könne, oder aber er erwirbt sie nicht und kann sie dann im späteren Leben nicht mehr nachholen. Dieses Urvertrauen – wie bei seinem Fehlen auch das Urmisstrauen – ist für alle späteren Entwicklungen von Beziehungen zu anderen Menschen und für die Charakterbildung maßgeblich. Es ist einer der Grundpfeiler, auf die sich die Entwicklung und Ausprägung einer gesunden Persönlichkeit stützt.

Urvertrauen entwickelt sich bei beiden Ansätzen im sehr frühen Kindesalter durch die verlässliche, durchgehaltene, liebende und sorgende Zuwendung von Dauerpflegepersonen (meistens den Eltern). Es verschafft die innere emotionale Sicherheit, die später zu einem Vertrauen in seine Umgebung und zu Kontakten mit anderen Menschen überhaupt erst befähigt. Urvertrauen ermöglicht angstarme Auseinandersetzung mit der sozialen Umwelt.

Es ist also die Grundlage für:
- Vertrauen auf/in sich selbst, Selbstwertgefühl, Liebesfähigkeit („Ich bin es wert, geliebt zu werden." „Ich fühle mich geborgen.")
- Vertrauen in andere, in Partnerschaft, Gemeinschaft („Ich vertraue Dir." „Wir lieben uns.", „Ich weiß mich verstanden und angenommen.")
- Vertrauen in das Ganze, in die Welt („Es lohnt sich zu leben.")

(https://de.wikipedia.org/wiki/Vertrauen)

2) Vertrauen

Vertrauen ist die Basis - Basis für uns selbst, die Basis für Beziehungen aller Art und die Basis „gegen" Depressionen und Krankheiten. Das Vertrauen auf Heilung bei Depressionen ist heilend.

Heilung für MS oder viele andere chronische Erkrankungen wird es momentan vielleicht nicht geben, aber das Vertrauen auf Positives und auf Hoffnung - das heilt unsere geschundene und wunde Seele. Es heilt, weil wir hoffen und wenn wir hoffen, dann schauen wir nach vorne. Vertrauen in uns selbst ist demnach mehr als nur ein Wort – es ist eine Chance – auf Versöhnung mit unserem ICH, unserem inneren Kind und unserem (kranken) Körper und Geist.

Vertrauen zu können ist fast ein Grundbedürfnis des Menschen. Wenn man kein Vertrauen zu sich und anderen hat, sowie nicht das Empfinden, dass „alles mit rechten Dingen" zugehen wird entwickeln kann, dann fehlt etwas Grundsätzliches – die Basis. Wenn ein Säugling kein Urvertrauen aufbauen konnte, dann fehlt die Basis für seine psychische Gesundheit. Das wiederum kann Depressionen hervorrufen, Ängste und Vieles mehr. Lieblosigkeit, Vernachlässigung oder Misshandlung können ebenfalls zu einer mangelhaften Ausbildung des Urvertrauens führen. Hiermit können deshalb auch Beziehungs- und Bindungsprobleme von Menschen erklärt werden.

- ✓ Folgestörungen können Misstrauen, Depressionen, Angstzustände, Aggressivität und Vieles mehr sein.

Des Weiteren ist Vertrauen ein Phänomen, das in unsicheren Situationen oder bei risikohaftem Ausgang einer Handlung auftritt: Wer sich einer Sache sicher sein kann, muss nicht vertrauen. Vertrauen ist aber auch immer mehr als nur Glaube oder Hoffnung. Die sogenannte Vertrauensgrundlage muss sich bilden können. Dies können gemachte Erfahrungen sein, aber auch das Vertrauen einer Person, der man selbst vertraut, oder institutionelle Mechanismen.

Vertrauen ist teilweise übertragbar. Jemandem „sein ganzes Vertrauen zu schenken", kann sehr emotional und aufregend sein. (Das Springen eines Kindes in die ausgebreiteten Arme des Vaters). Dies ist auch ein gegenseitiges Vertrauen und gilt somit sowohl für den Vater, als auch für das Kind. Prinzipiell basieren Vertrauensbeziehungen meist auf Gegenseitigkeit. Identifikationsbasiertes Vertrauen basiert auf gemeinsamen Erfahrungen (und früheren Handlungen), sowie auf gegenseitigem Verstehen. In einer engen Partnerschaft wächst gegenseitiges Vertrauen umso stärker, je mehr auch Gefühle ausgesprochen und akzeptiert werden.

Misstrauen ist das Gegenteil von Vertrauen und ist nicht nur ein negativ besetztes Wort. Misstrauisch gegenüber Fremden zu sein, kann eine reine Vorsichtmaßnahme sein. Allerdings ist es auch hier so, wie bei allem anderen ebenfalls: die gesunde Mischung macht das Miss/Verhältnis aus und die Gratwanderung ist nicht immer einfach. Wer Urvertrauen kennt und sich selbst, seinen Vermutungen und „seinem Bauch" vertrauen kann, der hat einen Vorschuss an diesem Urvertrauen und wird immer auch klarer und gesunder unterscheiden können. Blindes Vertrauen dagegen ist ebenfalls problematisch. Sie sehen – es ist nicht einfach, deshalb ist es mir auch Wert, hier über das Vertrauen zu berichten.

Wer eine schwere und chronische Erkrankung hat, hat womöglich das Vertrauen in seinen Körper und in seine eigene Leistungskraft verloren. Mir ging es mit meiner Fatigue anfangs so: ich war nicht mehr die „Alte", mein Körper war nicht mehr verlässlich und somit habe ich das Vertrauen in meinen Körper und meine Seele in Frage gestellt. Ich habe es auf Grund von Psychotherapie zum Glück nie verloren, aber ich weiß, wie einschneidend solche Veränderungen sein können. Es hat eine Weile gedauert, bis ich wieder ein relativ verlässliches Vertrauen aufbauen konnte – aber es wird niemals mehr das komplette Vertrauen sein, das ich vor meiner Erkrankung in Bezug auf meinen Körper, meine Kraft und Energie und somit in meine Leistungsfähigkeit hatte. Ich musste mir einen neuen Vertrauens-Status aufbauen, ein neues ICH sogar, das mit all den Veränderungen kooperieren konnte. Ich bin zum Glück ein von Grund auf positiv denkender und sehr optimistischer Mensch, noch dazu sehr handlungsorientiert – diese Werkzeuge haben mir geholfen und mich wieder auf meinen Weg gebracht... Er verläuft nun anders, ich musste viele Entbehrungen und Einschränkungen in Kauf nehmen, aber ich habe mich gut arrangiert und versuche diesen Weg nun mit Vertrauen zu gehen. Und auch wenn es wackelig wird, mir Steine in den Weg gelegt werden, auch wenn ich stolpere… - ich schaue nach vorne und stehe immer wieder auf. Ich bin dankbar, dass mir das bis jetzt gelungen ist. Keiner weiß, ob sich das einmal ändert und deswegen bin ich auch nicht „stolz" auf meinen Weg: ich habe das Glück, ihn so gehen zu können. Nicht mehr und nicht weniger.

> *„Mein Vertrauen ist das Größte, was ich Dir geben kann, aber auch das Schnellste, was Du wieder verlieren kannst."*

Menschen, die weniger Glück haben – vielleicht auch, weil sie keine guten Werkzeuge mit auf den Weg bekommen haben und vor allem kein Urvertrauen erfahren haben - lernen eventuell durch schlechte Erfahrungen misstrauisch zu werden. Dass besonders in Partnerschaften (Liebesbeziehungen) das Vertrauen die Grundlage ist, entbehrt jedes Hinweises. Wenn man es erleben darf, dass man sich auf sich selbst und auf jemand anderen verlassen kann, ihm vertrauen kann – dann ist das etwas Wunderbares. Auch für unser seelisches Gleichgewicht ist ein gesundes Vertrauen (auch in die Zukunft) sehr wichtig.

All das wiederum basiert teilweise auf dem Selbstvertrauen. Vertrauen in sich und seine Fähigkeiten. Einem depressiven Menschen ist das abhandengekommen. Ohne Selbstvertrauen ist ein ernsthaft erfülltes Leben kaum vorstellbar. Selbstvertrauen ist die Basis für ein gesundes Selbstbewusstsein (= sich selbst bewusst sein). Selbstvertrauen ist nicht einfach von Geburt an da, sondern es muss erworben und erlernt werden. Lob, Anerkennung und vor allem das Ermutigen des Kindes von den Eltern: zu Neuem, sowie die Neugierde und Motivation wecken – das muss das Kind erfahren haben. Wenn Eltern einem Kind dagegen nichts zutrauen, es unangebracht häufig kritisieren – dann erreichen sie das Gegenteil. Wenn dann noch Mobbing oder Ähnliches hinzukommt, schwindet womöglich das kleine bisher erworbene Selbstvertrauen und weicht dem Selbstzweifel. Dieser kann uns auffressen, uns traurig stimmen und schnell rutscht man dann in die Depression. Wer ein gutes Selbstvertrauen hat, kann besser mit Kritik umgehen, da er sie jeweils nur auf die eine Sache bezieht und nicht auf sich selbst, nicht auf sein Ganzes. Damit kann man gelassener reagieren und sich gegebenenfalls auch eher zur Wehr setzen. Selbst soziale Kontakte kann man als selbstbewusster Mensch deutlich einfacher knüpfen, da man keine Über-Angst hat abgewiesen zu werden. Das alles zeigt auf, wie wichtig ein gesundes Selbstvertrauen ist und macht deutlich, dass es eine Voraussetzung für das körperliche UND seelische Gleichgewicht ist und somit für die Ganzheit unseres Seins. (Körper, Seele, Geist).

Die größte Ehre,
die man einem Menschen antun kann,
ist die,
dass man zu ihm Vertrauen hat.

-Matthias Claudius-

Menschen mit einem gesunden Selbstvertrauen brauchen keine gesonderte Aufmerksamkeit, da sie sich ihrer Qualitäten BEWUSST sind. Das beinhaltet, dass sie kein übertriebenes Bedürfnis haben, von allen gemocht und anerkannt zu erden. Da sie mit Ablehnung umgehen können und diese wie oben beschrieben nur auf die Sache beziehen und es nicht „persönlich" nehmen, wird ihr Selbstvertrauen durch Kritik oder Ablehnung nicht verletzt. Falls es kurz ins Wanken gerät, haben diese Menschen die Werkzeuge, sich selbst wieder ins Gleichgewicht zu bringen und sich ihr „Positives" aufzusagen. Deshalb machen sie ihre eigene Zufriedenheit auch nicht von anderen abhängig – sie fühlen sich für sich und ihr Leben SELBST verantwortlich. Sie vertrauen darauf, das Richtige zu tun, die richtigen Entscheidungen zu treffen und sollte dies fehlschlagen, vertrauen sie darauf, dass es beim nächsten Anlauf klappen wird. Sie haben dadurch auch weniger erhöhte Erwartungen, weder an sich noch an andere und sind somit auch nicht so schnell enttäuscht, sollten ihre Erwartungen nicht erfüllt werden. Es gibt immer mehrere Möglichkeiten und ein Ende könnte auch ein neuer Anfang sein – darauf vertrauen sie ebenfalls.

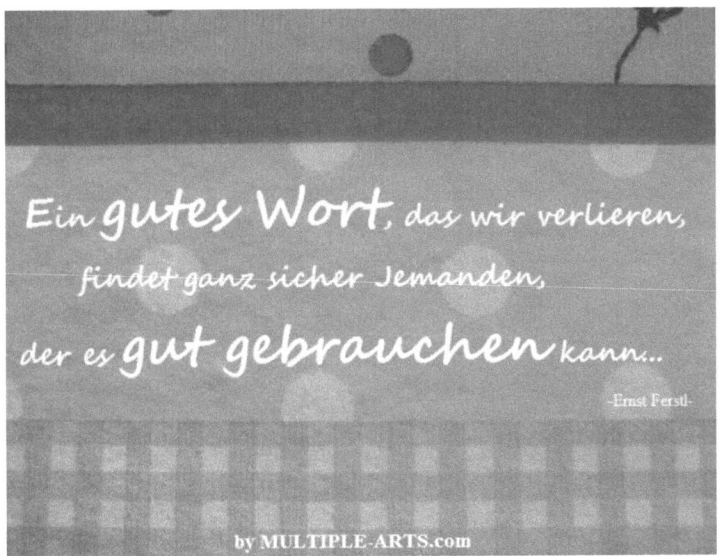

Was sind Anzeichen eines geringen Selbstvertrauens?

- Sich nichts oder nur wenig zutrauen
- Wenn man eher ängstlich und vor allem unsicher ist
- Sich schnell abgelehnt fühlen
- Sich zu schnell angegriffen und verletzt fühlen
- Schuld bei sich suchen
- Angst vor Herausforderungen
- Schnell aggressiv reagieren
- Schnell gereizt sein
- Eifersucht
- Von sich selbst zu viel Perfektion erwarten
- Sich selbst für Kleinigkeiten (Fehler) verurteilen
- Keine Wünsche äußern
- Angst vor Unbekanntem, neuen
- Angst vor Entscheidungen
- Vermeidung von Kontakten, Gesprächen
- Nach außen gut dastehen wollen (und sich damit evtl. finanziell verausgaben, aber auch auf anderen Ebenen überfordern)
- Sexuelle Probleme

Da all dies auch eine Freundschaft beeinflussen kann und man in jeder Beziehung auch sich selbst immer reflektiert beobachten sollte, halte ich diese Ausführungen für sehr wichtig als Basis und „Grundausrüstung" für Freundschaften.

Formen der Freundschaften

Frauenfreundschaften

Im antiken Griechenland betrachtete man die Freundschaft als ein Verhältnis, das nur zwischen Männern bestehen kann. Nachgewiesene Freundschaften zwischen Frauen gibt es tatsächlich erst seit dem 18. Jahrhundert.

Das ist die Theorie! ☺ Ich glaube, jede Frau, die eine „beste Freundin" hat, würde sie nicht mehr hergeben wollen. Ich habe das Glück schon mehrfach erlebt und weiß, wie innig solch eine Beziehung sein kann. Sie ist etwas Außergewöhnliches, steht völlig außer Frage neben (oder über) anderen Freundschaften und ist uns „heilig"! ☺

„Gibt es etwas Beglückenderes als einen Menschen zu kennen, mit dem man sprechen kann wie mit sich selbst?"

Frauen unterscheiden auch ganz klar zwischen den normalen Freundinnen und der „besten Freundin". Mit den normalen Freundinnen kann man Vieles unternehmen, kann Hobbies teilen, diskutieren und gemeinsam ausgehen und dies alles total genießen - doch die wirklich interessanten Geheimnisse teilen Frauen lediglich mit der besten Freundin, da hier die absolute Vertrauensbasis vorhanden ist.

Mit Frauen kann man kichern, kann ganz „Mädchen" oder Frau sein, kann über wahnsinnig unsinnige Dinge, wie über Schuhe reden, die einem beim Shoppen einfach nachlaufen ☺ und man wird verstanden. Selbst wenn die Freundin mit schicken Schuhen selbst „nichts anzufangen" weiß, sie versteht es trotzdem. Genial, unkompliziert und auf eine besondere Art auch „kindisch". Das bringt uns auch schon zu dem Besonderen: man kann fast wieder Kind sein mit der Freundin, man kann unbeschwert sein, ein Sektchen zusammen trinken und die Welt vergessen. Man kann über die Männer schimpfen und weiß genau, dass dies nur ein „Herauslassen" der Emotionen ist, die keiner weiteren Klärung bedürfen. Man kann über den eigenen Mann schimpfen und weiß doch, dass die Freundin einfach „weiß", dass man ihn trotzdem liebt und nicht die Beziehung an sich in Frage stellt. Man weiß auch, dass sie unseren Partner dann trotzdem noch mag, weil sie wiederum „weiß", dass man als Frau manchmal einfach nur mal schimpfen muss - und dann ist es wieder gut.

Das zu erleben ist ein Geschenk und für die meisten Frauen überaus wertvoll – ein Geschenk im Psycho-Alltag von uns Weibern. ☺ Und ganz klar: zu dieser Welt haben Männer keinen Zutritt! ☺

Wichtig ist in einer festen Partnerschaft/Ehe allerdings, dass der Partner auch weiß, dass die beste Freundin kein Gegner ist, sondern einfach nur die beste Freundin. Punkt.

Kichern, giggeln, lachen, unbeschwert sein – das geht natürlich auch mit dem Partner, aber anders. Und das ist gut so!

Diese Liebe, die zwischen besten Freundinnen herrschen kann, ist weder sexuell, noch anderweitig merkwürdig, sondern einfach nur etwas Wunderschönes. Was gibt es Schöneres, als nach einem tollen Erlebnis zu denken: „Das erzähle ich *ihr!*" – weil man weiß, wie sehr sie sich mitfreut und somit kann ein schönes Ereignis noch einmal aufleben, noch einmal gemeinsam genossen werden. Beste Freundinnen nehmen an allem im Leben der Anderen Anteil. Das reicht von Krankheiten, übers Kinderkriegen, die Ehe, die Schwiegermutter, die Kinder und die Nachbarn, bis hinein in die Arbeitswelt. Eine beste Freundin weiß einfach „ALLES", ihr muss man nichts erklären, denn sie „versteht".

Dass hier Neid und Eifersucht von anderen Freundinnen vorprogrammiert sind, liegt fast auf der Hand. Denn solch eine Freundin zu haben – das IST etwas Besonderes und nicht alltäglich. Man findet sich, ohne sich gesucht zu haben, es entwickelt sich oder ist „Liebe auf den ersten Blick"!

Eine Frau räumt einer besten Freundin umstandslos und sofort sehr viel Platz in ihrem Leben ein. Sie lässt jegliche Fremdheit abfallen und das enge Verhältnis manifestiert sich in langen Telefongesprächen, in gegenseitiger psychologischer Beratung, in Trösten, zusammen shoppen gehen und Vielem mehr. Solche Freundschaften scheinen unzerstörbar. Aber je älter und erfahrener eine Frau wird, desto besser weiß sie allerdings, dass sie schon einige beste Freundinnen hatte und dies mit jenen Freundinnen womöglich längst der Vergangenheit angehört.

> **FRAUEN-Freundschaft:**
> "Ich bin so fett!"
> "Quatsch, Du bist sexy!"
>
> **Männer-Freundschaft:**
> "Ich bin so fett!"
> "Und hässlich biste auch noch!"

Was Frauenfreundschaften leicht von normalen Freundschaften unterscheidet, ist der sehr stark geprägte emotionale Anteil. Das Intellektuelle spielt zwar auch eine große Rolle, da ein kommunikativer Austausch ja auf Augenhöhe stattfinden muss, aber wenn die Emotionen zu 100% stimmen, wird jede Frau ein kleines Auge zudrücken können. (Es sei denn, der Unterschied ist gravierend).

Manchmal passiert es, dass der Kontakt einer Seite zu übergriffig oder zu anstrengend wird. Frauenfreundschaften können beklemmend eng werden und das schöne warmherzige Gefühl, das es einmal war, wird eventuell zur emotionalen Zwangsjacke. Möglich ist auch, dass man von dieser besten Freundin irgendwann einmal enttäuscht ist, oder es wurde gar Vertrauen missbraucht... Da fehlen sogar mir die Worte, um so etwas zu beschreiben...

Ein weiteres Problem kann darstellen, dass jemand gerne die „beste Freundin" wäre, die andere Seite dies aber nicht geben oder haben kann und möchte... Ein schwieriges Unterfangen, bei dem eventuell nur klare Kommunikation helfen kann....

Konflikte in einer solchen besonderen Beziehung sind heikle Angelegenheiten. Denn sie gehen sehr tief und umso emotionaler werden sie dann auch empfunden. Um sie zu lösen, braucht es vor allem eins: Sehr viel RUHE und Zeit für innige tiefe Gespräche. Das Gute daran ist: da gerade für die Frauen die beste Freundin so existentiell wichtig ist, geben sie auch alles, um diese Freundschaft zu erhalten.

Männerfreundschaften

Männerfreundschaften sind meist „cooler" und solch eine tiefe Zuneigung, wie sie unter Frauen praktiziert und gelebt wird, ist bei Männern eher nur indirekt und versteckt vorhanden.

Männer definieren Freundschaften mehr über ähnliche Interessen als über emotionalen Gleichklang. Sie suchen mehr das Kumpelhafte.

Aber ich kenne Männerfreundschaften in verschiedenen Altersstufen, die heutzutage doch zum Glück auch emotional geprägt sind. Sicher gehen Männer nur selten zusammen shoppen oder unterhalten sich über Schuhe, aber schöne Gemeinsamkeiten wie Sport oder Musik verbinden dann doch und sie tauschen sich auf ihrer Ebene darüber aus.

Viele Männer haben auch bei gleichgeschlechtlichen Freundschaften Angst, man würde ihnen gleich eine homosexuelle Neigung anhängen, was an sich ein trauriger Gedanke ist, denn gegen Homosexualität sollte sowieso niemand etwas haben.

Bei Frauen kommt dieser Gedanke zwischen Frauenfreundschaften seltener auf – trotz deutlich mehr Körperkontakt und offensichtlicher Zuneigung.

Scheinbar ist es in unserer Gesellschaft auch eine der vielen unsinnigen Normen, dass der Mann seiner "Rolle als Mann" gerecht werden muss. Verrückt ist ja, dass er solange als "ganzer Mann" angesehen wird, solange er dafür gehalten wird.

Ich finde es toll, wenn sich heutzutage Männer ungeniert zur Begrüßung oder auch zum Trost umarmen.

Sympathie

Sympathie ist eine Grundvoraussetzung um sich mit jemanden zu befreunden.

Sympathie (entlehnt aus lateinisch sympathia, dieses aus altgriechisch συμπάθεια sympátheia „Mitgefühl") ist die sich **spontan ergebende gefühlsmäßige Zuneigung**. Ihr Gegenteil ist die Antipathie (Abneigung). (https://de.wikipedia.org/wiki/Sympathie)

Sympathie ist die Fähigkeit, Freude und Leid anderer mitzufühlen.

Und es gibt, im Gegensatz zur Antipathie, die scheinbar grundlose Zuneigung zu jemandem - das unbestimmte Gefühl der inneren Verbundenheit mit jemandem.

Sympathie kann im philosophischen Sinne auch eng verknüpft sein mit dem Begriff „Empathie" und kann unter anderem auch Folgendes bedeuten: „Mit-Leiden, Miterleben von Gefühlen und Affekten anderer durch unwillkürliche Nachahmung und durch Einfühlen in den Gemütszustand anderer. Dies fällt umso leichter, je näher wir demjenigen stehen.

Allerdings reicht Sympathie allein auch nicht aus um eine Freundschaft einzugehen, da man diese theoretisch auch unbekannten Menschen entgegenbringen kann.

EMPATHIE

Empathiefähigkeit ist ebenfalls ein wichtiger Faktor, der zum Gelingen einer stabilen Freundschaft gehört.

Als Empathie bezeichnet man die Fähigkeit und Bereitschaft, Gedanken, Emotionen, Motive und Persönlichkeitsmerkmale einer anderen Person zu erkennen und zu verstehen.

Zu einer gesunden Empathie gehört auch die Reaktion auf die Gefühle anderer Menschen. Beispielsweise Reaktionen wie Mitleid, Trauer, Schmerz oder auch ein Hilfsimpuls.

Grundlage der Empathie ist die Selbstwahrnehmung; je offener man für seine eigenen Emotionen ist, desto besser kann man die Gefühle anderer deuten. Und umso besser die Selbstwahrnehmung ist, umso einfacher lässt sich eine enge Freundschaft gestalten.

Wer empathisch ist, kann sich vorstellen, wie es einem Freund gerade geht und kann deshalb besonders gut mit Rat und Tat oder auch einer Schulter zum Anlehnen helfend unterstützen. Ein empathischer Mensch spürt, ob sein Freund es gerade braucht über ein Problem zu reden oder zu schweigen. Voraussetzung ist hier natürlich eine sehr nahe Beziehung.

Ein Freund mit guter Selbstwahrnehmung ist auch eher in der Lage die Gefühle und auch die Mimik eines anderen als das zu deuten, was es ist – ohne etwas hineinzuinterpretieren. Dies ist eine äußerst hilfreiche Geste im Beziehungsgeflecht. Die Kunst in der empathischen Verhaltensweise innerhalb eines Beziehungsgeflechtes besteht auch immer in den Verknüpfungen und Abgrenzungen.

Empathie nimmt auch in der psychoanalytischen Entwicklungspsychologie einen hohen Stellenwert ein. Sie gilt als eine Grundfähigkeit des Menschen und wird vor allem als „mütterliche Einfühlung in den Säugling" beschrieben. So gehört sie im besten Fall zur „Grundausstattung" des Menschen und kann durch den Umgang der Eltern mit dem Kind gefördert, behindert oder zerstört werden.

Neben der erfahrenen Einfühlung selbst, ist die frühkindliche Entwicklung deswegen die Voraussetzung dafür, dass das Kind selbst Empathie entwickeln kann. Es geht immer um die Trennung von „Ich" und „Du"!

Damit verbunden ist auch die Perspektivübernahme, die darin besteht, Situationen aus der Perspektive des anderen erleben zu können. Außerdem bildet es ein Verständnis für soziale Kontexte. Beides sind wichtige Merkmale bei der Ausbildung von Empathie.

Empathische Menschen sind fähig, Reaktionen auf die Emotion eines anderen Menschen zu bilden, sie wahrzunehmen und zu zeigen und dann adäquat zu handeln.

Dies ist ein dann aktiver Prozess des einfühlenden Verstehens.

Hier unterscheidet man noch zwischen kognitiver und emotionaler Empathie: Kognitive Empathie lässt uns erkennen, was ein anderer fühlt. Emotionale Empathie lässt uns fühlen, was der andere fühlt, und das „Mitfühlen" bringt uns dazu, dass wir dem anderen helfen wollen.

Im menschlichen Miteinander kann man die Motive oder Beweggründe des Gegenübers, die seinem Verhalten zugrunde liegen, oft nicht unmittelbar begreifen und beobachten. Dieses genaue Hinschauen und Spüren ist im Alltag oft nicht praktizierbar. Hier hilft es uns, dass wir sie im Wesentlichen nur durch Empathie erschließen können.

Noch dazu sind vielen Menschen ihre eigenen Motive gar nicht bewusst. Hier ist ein empathisches Gegenüber (der Freund) oft äußerst hilfreich, weil er die Situation auf Grund seines „Gefühls" und Empfindens eventuell sogar besser einschätzen kann.

Häufig kann man andere Menschen nur dann begreifen oder auch motivieren, wenn man sie nicht nur rational, sondern vor allem nachempfindend (empathisch) versteht.

Leider gibt es auch den Missbrauch der Empathie für manipulative Zwecke. Und hier wären wir dann schon wieder bei engen Freundschaften, die sich durch eine hohe Vertrauensbasis ausgezeichnet haben und dann eventuell mit all dem Wissen und der erlebten Empathie ins Gegenteil wenden können.

Immanuel Kant gehört zu den ersten Gelehrten, die auf den möglichen Missbrauch der Empathie durch Politiker in einer Volksherrschaft (Demokratie) hingewiesen haben. Übertragbar auf Freunde heißt das auch, dass ein Nachempfinden der Gedanken- und Gefühlswelt der Menschen durch ein Gegenüber eine wichtige Voraussetzung für wirksame Manipulation sein kann.

Und sehr oft rücken Menschen zu Gruppen zusammen, in deren Interesse es ist, den Groll zu steigern, zu organisieren, zu hegen und zu pflegen. Das Entfalten von „Revolten" (Mobbing) durch das Auslösen der besonders wirksamen negativen Emotionen wie Angst, Neid, Wut, Frustration oder Ohnmacht ist mittlerweile weit verbreitet. Besonders im Internet gehört dies leider schon zur Gewohnheit.

Außerdem benutzen leider manche Menschen ihre empathische Fähigkeit zu einem „abhängigen" Beziehungsaufbau, der natürlich dann von der Seite des Manipulativen aus nicht vertrauensvoll, sondern das Gegenteil ist. Er macht sich sein Gegenüber gefügig und lässt es in Abhängigkeit verweilen.

Dabei ist es eine wundervolle Gabe, sich in einen anderen Menschen hineinversetzen zu können. Mir selbst hat das in meinem Beruf als Erzieherin oder auch jetzt als Bloggerin (wo es viele Ratsuchende gibt) geholfen. Denn wenn man in den Anderen „hineinschauen" kann, ihn verstehen kann, sich in ihn hineinversetzen und dies somit als Erkenntniszugang nutzen kann, vermag man besonders gut zu helfen. Noch dazu kommt, dass dadurch auch das verstehbar wird, was dem Betroffenen selbst zunächst noch gar nicht bewusst ist oder ihm fremd erscheint. Deshalb darf man seine eigene Empathie nie dazu nutzen, dem Anderen zu schaden, oder eine wertende Position einzunehmen. Das ist weder moralisch noch ethisch vertretbar.

Außerdem sollte sich der Empathische und Helfende immer gewahr sein, dass er zwischen den eigenen Gefühlen und denen des Anderen unterscheiden kann.

Für gute Freundschaften ist es deshalb so wichtig, immer wieder einen Wechsel der Perspektiven zu akzeptieren. Dies ist vor allem dann notwendig, wenn grundlegend verschiedene Theorien bestehen oder wenn unterschiedliche Betrachtungsweisen nötig scheinen, um die ganze Komplexität eines „Problems" zu erfassen.

Und nicht nur in der Psychologie stellt sich die Frage, ob sich Menschen in ihrer Fähigkeit, die psychischen Zustände und Motive einer anderen Person zu erkennen, unterscheiden. Ein jeder von uns wird dazu eine Menge erzählen können. Noch dazu kommt, dass manche neurologischen Erkrankungen, wie beispielsweise MS, wenn entsprechende Läsionen das Gehirn betreffen, durchaus von einer Nicht-Empathie betroffen sein können. Hier appelliere ich immer an die Angehörigen: wenn Sie merken, dass sich der Betroffene verändert, plötzlich weniger empathisch ist..., dann könnte dies auch organische Ursachen haben, die es abzuklären gilt.

Häufig scheint es so zu sein, dass es vielen Menschen außerordentlich schwer fällt, sich zumindest annähernd in einen anderen Menschen hineinversetzen zu können. Andere wiederum behaupten von sich, dass sie dies gut könnten und beweisen dabei täglich das Gegenteil. Gerade chronisch Kranke lieben den Satz: **„Urteile nie über einen Anderen, bevor Du nicht einen Mond lang in seinen Mokassins gegangen bist"**. (Indianische Redensart). Denn oft leiden chronisch Kranke an unsichtbaren Symptomen und stoßen dann noch auf das Unverständnis der Außenstehenden, weil sie es sich nicht vorstellen können – weil sie sich nicht hineinfühlen können. Solche Menschen können sich aber oft auch nicht in ihre eigene Rolle, ihre eigene „Perspektive" einfühlen. Fehlende Empathie, aber auch fehlendes Interesse können hier zugegen sein. Man darf natürlich nicht unterschätzen, dass es gerade in Bezug auf unsichtbare Symptome bei Krankheiten auch für Außenstehende sehr schwierig ist, diese zu erkennen. Allerdings sollten sie spätestens dann erkannt und wahrgenommen werden, wenn sich der Betroffene deutlich dazu äußerst. Hier kann Empathie und Einfühlungsvermögen enorm helfen.

Unter Empathie wird außerdem die Fähigkeit verstanden, auf andere Werthaltungen und Normen einzugehen, um sie in die eigene Person integrieren und neue soziale Rollen annehmen zu können.

Wesentlich dabei ist, dass der eigene Affektzustand dem Gefühlszustand der betroffenen Person entspricht. Dies wird dadurch ausgelöst, dass man die Perspektive der anderen Person einnimmt – „in ihre Haut schlüpft" – und so ihre emotionalen und anderen Reaktionen begreifen kann. Dies gelingt teilweise sogar in extremen Situationen.

Innerhalb einer Freundschaft kann diese Fähigkeit enorm wichtig sein und großes Vertrauen schenken.

Kinder sind hier noch ursprünglicher und agieren eher aus dem Bauchgefühl heraus. Sie zeigen beispielsweise typische Hirnaktivitätsmuster, die bei Schmerzempfinden auftreten, wenn sie ein schmerzhaftes Ereignis einer anderen Person sehen.

Die wohl angeborene Fähigkeit zur Empathie ermöglicht es Kleinstkindern, die Grenzen Anderer zu erkennen. In den dadurch erkannten eigenen Grenzen entwickelt sich die psychische Individualität, die es uns als Erwachsene dann erleichtert uns im Dschungel der Perspektiven und Emotionen zurecht zu finden.

> *Menschen, die einfach da sind, wenn man sie braucht... sind die besten Ladekabel der Welt.*

Verträglichkeit

Verträglichkeit ist eine zentrale Dimension der Persönlichkeit. Personen, die verträglich sind, zeichnen sich durch Altruismus und Hilfsbereitschaft aus. Hohe Werte bei diesem Persönlichkeitsmerkmal sind charakterisiert durch Gefühle wie mitfühlend, nett, warm, vertrauensvoll, hilfsbereit, kooperativ und nachsichtig. Menschen mit niedrigen Werten werden als streitbar, egozentrisch und misstrauisch gegenüber den Absichten anderer beschrieben. Sie verhalten sich eher wettbewerbsorientiert als kooperativ.
(https://de.wikipedia.org/wiki/Vertr%C3%A4glichkeit_(Psychologie))

Es liegt nahe, dass eine hohe Bereitschaft zur Verträglichkeit nur förderlich sein kann, um enge Beziehungen nachhaltig zu pflegen. Kompromisse schließen, die Ansichten des Anderen gelten lassen und auch einmal „Fünfe gerade sein lassen" können, gehört ebenfalls dazu.

Manche Menschen strahlen etwas Aggressives aus, als ob sie immer gleich lospoltern wollen. Gefährlich ist das auch dann, wenn sie Andere damit „anstecken"!

Ein liebevolles respektvolles Miteinander ist die beste Basis für eine gute Beziehungsfähigkeit.

Verträglichkeit ist etwas Wunderbares und Ausgleichendes, wenn sie authentisch und nicht durch mangelnde Wahrnehmung oder durch Naivität besetzt ist.

Ein verträglicher Mensch kann Balsam für die Seele sein. ☺

Zusammenarbeit

In freundschaftlichen Beziehungen ist der Wille zur Zusammenarbeit fast schon Voraussetzung. Freunde gehen durch dick und dünn, Freunde halten zusammen und Freunde packen gemeinsam an und helfen sich gegenseitig.

Das Wort Zusammenarbeit, eine Substantivbildung aus dem Adverb „zusammen" und dem Begriff „Arbeit", bezeichnet ein bewusstes Zusammenwirken bei der Verrichtung einer Tätigkeit zur Erreichung eines gemeinsamen Ziels. Es handelt sich somit um eine aktive Form der Kooperation, bei der Arbeitsanstrengungen der Beteiligten vonnöten sind.

Interessant sind 2 Komponenten:
- **das Zusammenwirken mehrerer Individuen** (= Kooperation (lateinisch cooperatio ‚Zusammenarbeit', ‚Mitwirkung') und Kollaboration (Zusammenarbeit)
- **in negativer Konnotation für die Zusammenarbeit mit einem Feind.** (lat. co- ‚zusammen-', labor ‚Arbeit', von englisch collaboration ‚Zusammenarbeit')

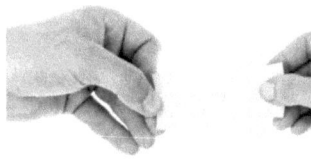

Im besten und wahren freundschaftlichen Kontext wird es nur ein ernsthaftes Zusammenarbeiten miteinander geben können. Alles andere wäre kontraproduktiv und die Freundschaft hätte keine Chance zum Bestand. Aber auch wird schon jeder erlebt haben, dass sich das Blatt leider schnell wenden kann und aus Zusammenarbeit eine Arbeit GEGENeinander wird.

KOOPERATION

Kooperation ist innerhalb einer Freundschaft sehr wichtig.
Kooperation (lateinisch cooperatio ‚Zusammenwirkung', ‚Mitwirkung') ist das zweckgerichtete Zusammenwirken von Handlungen zweier oder mehrerer Lebewesen, Personen oder Systeme, in Arbeitsteilung, um ein gemeinsames Ziel zu erreichen. Ist die wechselseitige Einwirkung der Akteure nicht intentional oder zweckgerichtet, spricht man hingegen von Interaktion. Dieser soziologische Oberbegriff umfasst auch die Formen der Kooperation. Kooperation führt häufig zum Nutzen für alle Beteiligten. Es gibt aber auch erzwungene Kooperation oder unter Täuschung zustande gekommene Kooperation, bei der eine Seite mehr oder alle Vorteile aus dieser Kooperation zieht.
(https://de.wikipedia.org/wiki/Kooperation)

Zur Kooperation gehört es auch, eventuelle Konflikte oder Meinungsverschiedenheiten auszutragen und kooperativ zu meistern. Konflikte sind deshalb auch nicht unbedingt destruktiv. Konflikte sind vielmehr ein Grundmerkmal jedes menschlichen Zusammenseins. Der Umgang mit diesen ist entscheidend für eine jede Beziehung.

Eine bemerkenswerte menschliche Fähigkeit ist gemeinsam an Problemen oder Aufgaben arbeiten zu können, die allein nicht zu bewältigen wären. Schon Kleinkinder können Ziele und Aufmerksamkeit gemeinsam mit anderen entwickeln und zeigen die Motivation anderen Menschen zu helfen und mit ihnen zu teilen.
Diese bilden den Ausgangspunkt für tatsächliche Kooperation. Neben dem gegenseitigen Eingehen aufeinander sind die Beteiligten durch ein gemeinsames Ziel verbunden und die Akteure stimmen ihre Rollen miteinander ab, wozu auch die Unterstützung des Anderen in seiner Rolle gehört.
Freundschaft und Kameradschaft schließen deswegen gegenseitige Anerkennung, Rücksicht und Achtung fremder Anschauungen immer mit ein.

SOLIDARITÄT

Was wäre eine Freundschaft ohne Solidarität? Meiner Meinung nach undenkbar und sehr arm!

Solidarität (abgeleitet vom lateinischen solidus für gediegen, echt oder fest; Adjektiv: solidarisch) bezeichnet eine, zumeist in einem ethisch-politischen Zusammenhang benannte **Haltung der Verbundenheit** mit – und Unterstützung von – Ideen, Aktivitäten und Zielen anderer. Sie drückt ferner den Zusammenhalt zwischen gleichgesinnten oder gleichgestellten Individuen und Gruppen und den Einsatz für gemeinsame Werte aus.

Solidarität ist vor allem als Grundprinzip des menschlichen Zusammenlebens ein Gefühl von Individuen und Gruppen, die zusammenzugehören. **Dies äußert sich in gegenseitiger Hilfe und dem Eintreten füreinander.** Solidarität kann sich von einer familiären Kleingruppe, Cliquen und Freundeskreisen bis zu Staaten und Staatsgemeinschaften erstrecken.

Mein Fazit mit Hilfe des Soziologen Alfred Vierkandt dazu: „**Solidarität ist die Gesinnung einer Gemeinschaft mit starker innerer Verbundenheit**". Und: „Solidarität ist das Zusammengehörigkeitsgefühl, das praktisch werden kann und soll."

WERTEVORSTELLUNGEN

Bei allen Recherchen und Befragungen wird immer genannt, dass enge Freunde eine gleiche oder zumindest sehr ähnliche Wertevorstellung haben sollten, da sie die Einstellung zum Leben im Allgemeinen und im Besonderen darstelle.

Wertvorstellungen (oder kurz Werte) bezeichnen im allgemeinen Sprachgebrauch als erstrebenswert oder moralisch gut betrachtete Eigenschaften bzw. Qualitäten und Charaktereigenschaften.

Mit Wertentscheidung ist eine auf Werten gegründete Entscheidung gemeint. (Angelehnt an https://de.wikipedia.org/wiki/Wert_(Philosophie))

Werte, die nicht primär der materiellen Gewinnvermehrung dienen, sondern sich nach sozialen Maßstäben ausrichten, können eine innere Bereicherung und eine Reifung der Persönlichkeit darstellen. Dies setzt ein Verständnis für immaterielle Werte und die Unterscheidungsfähigkeit von Nutzdenken und Sinnstreben voraus. Des Weiteren lassen sich aus Werten (z. B. dem Wert der Achtung des Eigentums) soziale Normen (konkrete Vorschriften für das soziale Handeln) ableiten.

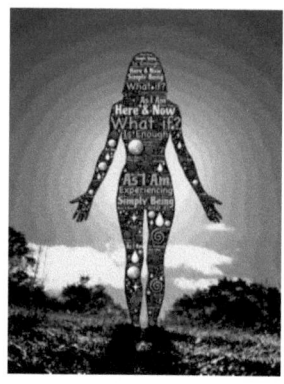

✓ **Wenn man diese Beschreibung liest, wird verständlich, dass in einer engen Freundschaft die Wertevorstellungen in etwa gleich sein sollten, um nicht über Grundsätzliches schon Auseinandersetzungen führen zu müssen.**

„SEELENVERWANDTSCHAFT"

Gerade Frauen wünschen sich eine seelenverwandte Freundin und verbinden damit ein „Eins" sein, Gleichklang und enorme Zuneigung.

„Als Seelenverwandtschaft bezeichnet man eine Verbindung zwischen zwei Personen, die sich durch eine tiefe, als naturgegeben erscheinende Wesensähnlichkeit verbunden fühlen, was sich in Liebe, Kommunikation, Intimität, Sexualität oder Spiritualität äußern kann.
Eine mystische und esoterische Erklärung der Seelenverwandtschaft ist das Konzept der Dualseelen, das von einer überzeitlichen (ewigen) Verbindung zweier Seelen ausgeht, die sich in der irdischen Verbundenheit der betreffenden Menschen zeige. Nach Lehren, die in manchen Kreisen der New-Age-Spiritualität vertreten werden, handelt es sich gleichsam um zwei Hälften einer seelischen Einheit. Doch nicht jeder, der den Gedanken der Seelenverwandtschaft vertritt, akzeptiert solche Erklärungen.
Diese Hälften sind die heutigen Menschen. Sie leiden unter ihrer Unvollständigkeit; jeder sucht die verlorene andere Hälfte. Die Sehnsucht nach der einstigen Ganzheit zeigt sich in Gestalt des erotischen Begehrens, das auf Vereinigung abzielt."
(https://de.wikipedia.org/wiki/Seelenverwandtschaft)

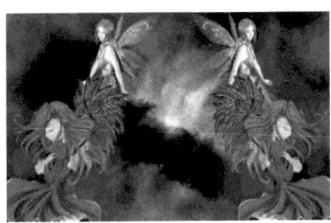

Tatsächlich kann solch ein Begriff eine Freundschaft aber auch lähmen, wenn es beispielsweise der eine Partner als eine solche ansieht, der andere aber eher nicht. Hier entstehen schnell Konflikte. Manchmal ebbt eine sogenannte Seelenverwandtschaft auch schnell ab, wenn es zur ersten Meinungsverschiedenheit kommt. Ich denke schon, dass es eine Seelenverwandtschaft gibt, aber ich glaube, dass man sehr vorsichtig mit diesem Begriff umgehen sollte.

VERÄNDERUNGEN

Das Leben nimmt seinen Lauf, es verändert sich und wir verändern uns. Zum Glück! ☺

Manchmal legen wir alte Gewohnheiten ab, ein anderes Mal wechseln wir den Perspektiven-Blick oder entwickeln uns ganz einfach weiter, gehen andere Wege und treffen dadurch andere Menschen.

ALLES verändert sich, die Natur und auch unser Körper: wir werden älter und erlangen auch neue Einsichten. Das Verändern unseres Körpers mit dem Älterwerden läuft nicht unbedingt im Gleichklang mit dem unserer Freunde ab, sodass sich auch dadurch Prioritäten und liebe Angewohnheiten verändern können. Die ausgedehnten Fahrradtouren, die man mit einer Freundin so gerne gemacht hat, sind vielleicht nicht mehr möglich, da einer von Ihnen körperliche Probleme bekommt, Rad zu fahren. Das ist nur ein kleines Beispiel einer möglichen Veränderung und doch auch vielsagend. Nun müsste in einer guten Freundschaft ausgelotet werden, wie man trotzdem zusammenkommt und welche Kompromisse geschlossen werden können.

Es verändern sich Menschen um uns herum, es können sich Lebensbedingungen und Vieles mehr verändern. Alles ist sozusagen im Fluss…. Wir selbst ebenso, manchmal ohne es zu bemerken.

Sich Veränderungen anpassen zu können – das ist Lebenskunst.

Chronisch kranke Menschen, oder jene, die ein Schicksalsschlag ereilt hat, kennen das. Sich täglich (manchmal auch stündlich) an neue Beeinträchtigungen, Schmerzen oder andere Symptome anpassen zu müssen, das kann zur Lebensaufgabe werden und über ihre Einstellung zum Leben bestimmen.

Die Angst vor diesen Veränderungen kommt immer dann, wenn man Angst hat, diese nicht bewältigen zu können – wenn man nicht mehr ganz so optimistisch nach vorne blicken kann oder mag.

In Bezug auf Freundschaft ist das alles übertragbar: Wenn man mal überlegt, was sich in unserem Leben verändert hat, ist es manchmal fast ein Wunder, dass man noch die gleichen Freunde hat – sie haben schließlich auch ihre Lebens-Veränderungen. Es ist enorm, wenn sie dann noch alle mit unseren kompatibel sind.

Wenn wir die Fähigkeit besitzen, uns gut anpassen zu können und gut mit neuen Situationen umgehen zu können und ihnen gar noch etwas Gutes abgewinnen möchten, dann haben wir die Chance, dass wir trotz des Wandels konstante Freundschaften halten können.

Manchmal sind Freunde, die eventuell neue Dinge gut finden, auch eine Inspiration – man sollte es zumindest ausprobieren. ☺

Und manchmal fragt man sich, warum es zeitweilig so schwer ist mit alten Freunden in Kontakt zu bleiben. Schnell macht sich ein schlechtes Gewissen breit wenn man sich lange nicht gemeldet hat.

Aber auch hier haben Fachleute eine Erklärung, die uns den Druck nimmt: Es gehören nämlich immer ZWEI zu einer Beziehung und somit ist es ein wechselseitiger Prozess, wenn sich eine Freundschaft verändert oder auseinanderlebt.

Ein ganz wesentlicher Faktor ist, dass sich ja jeder Mensch zum Glück weiter entwickelt und manchmal entwickelt man sich einfach nur in eine andere Richtung. Denn wenn wir uns verändern, muss sich die zwischenmenschliche Beziehung auch verändern - oder aber, sie bleibt auf der Strecke (liegen).

„Vertrauen ist wie ein Stück Papier.
Wenn es einmal zerknüllt ist,
wird es nie wieder perfekt."

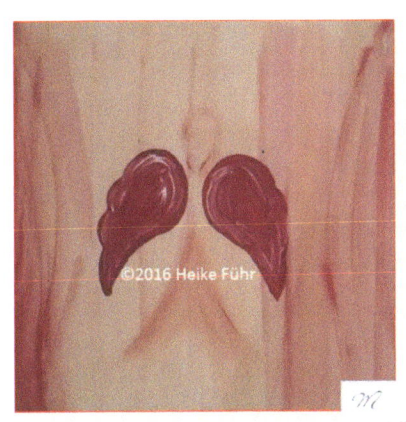

VERZEIHEN

Verzeihen kann je nach Grad der Verletzung, Erniedrigung oder des Mobbens sehr sehr schwierig sein. Verzeihen ist aber ein notwendiger Prozess, denn im Endeffekt tut man sich keinen Gefallen, wenn man den Rest seines Lebens lang grollt und in der Starre des Erlebten womöglich leblos vegetiert und verharrt.

Denn wenn wir nicht verzeihen, beschäftigen wir uns nur noch mit dem zermürbenden Gedanken und dem schlimmen Ereignis - vor allem begehen wir meist „Schuldzuweisungen". Wir quälen uns damit selbst. Da unser Körper ja immer psycho-somatisch reagiert, schaden wir ihm, wenn wir in Grübelzwänge und schwere Gedanken verfallen. Wir bringen uns regelrecht aus der Balance – aus dem Gleichgewicht! Dem kann sich unser Körper nur erwehren, indem er auf seine Weise reagiert: Schwindel, Schlafstörungen, Bluthochdruck, Schmerzen, Erschöpfung und Vieles mehr.

Wenn wir nicht verzeihen, tragen wir Gefühle wie Wut, Hass, Verbitterung und auch Rache mit uns herum. Wir würden den Anderen gerne „bestrafen", aber leider bestrafen wir eher uns selbst, wenn wir so unnachgiebig sind – denn wir und unser Körper leiden! Wir schaden uns deshalb, da wir uns ständig wieder an die kränkende Situation erinnern. Wir fühlen uns sofort wieder bedroht und unser Körper findet zu keiner Entspannung. Unsere gesamte Aufmerksamkeit widmet sich diesem Ereignis – und das ist es absolut nicht wert!

Verzeihen und Loslassen hat nichts mit Schwäche zu tun, sondern ist eher eine große Geste. Es ist eine Form der Akzeptanz und heißt nicht, dass man sich wieder mit dem Anderen befreunden muss, aber man kann versuchen, das Geschehene RUHEN zu lassen. Man könnte beispielsweise sagen: „Es war nicht ok, was er getan hat, er hat mich verletzt, aber ich akzeptiere es einfach."
Verzeihen passiert in uns drin – wir machen es mit uns selbst aus. Dies muss der Andere weder erfahren, noch muss man es besprechen. In uns soll die Ruhe wieder einkehren, sonst vergiften wir unseren Körper und auch unsere Seele.
Das ist natürlich einfacher gesagt als tatsächlich umgesetzt. Aber mir helfen solche kleine Weisheiten immer, um den Ablauf zu verstehen und das Ereignis mit mehr Abstand betrachten zu können, sowie wieder mehr bei mir anzukommen, anstatt so „außer" mir zu sein.
Und verzeihen auch SIE sich **selbst** bitte für IHRE Schwächen und Fehler. Nur so können wir lernen uns anzunehmen und auch Schwächen bei anderen nicht über zu bewerten.

KOMMUNIKATION

Wer mich und auch meine Bücher kennt, weiß, wie viel Wert ich auf echte Kommunikation lege. ☺

Deshalb kommt hier auch erst einmal via Wikipedia die Begriffserklärung: (https://de.wikipedia.org/wiki/Kommunikation)

„Kommunikation (lat. communicatio, ‚Mitteilung') ist der Austausch oder die Übertragung von Informationen. „Information" ist in diesem Zusammenhang eine zusammenfassende Bezeichnung für Wissen, Erkenntnis oder Erfahrung. Mit „Austausch" ist ein gegenseitiges Geben und Nehmen gemeint; „Übertragung" ist die Beschreibung dafür, dass dabei Distanzen überwunden werden können."

Kommunikation ist alltäglich und verläuft scheinbar selbstverständlich, sodass sie nicht weiter problematisch erscheint. Für die meisten Situationen reicht dies auch aus; es wäre zu aufwendig, die eigene Kommunikation ständig zu hinterfragen. Erst bei Missverständnissen und Misserfolgen, die mit Kommunikation in Zusammenhang gebracht werden können, wird Kommunikation problematisiert.

Kommunikation bedeutet „teilen, mitteilen, teilnehmen lassen; gemeinsam machen, vereinigen". In dieser ursprünglichen Bedeutung ist eine Sozialhandlung gemeint, in die mehrere Menschen einbezogen sind."

Das heißt also, wir reden zum Glück recht locker miteinander, im besten Fall den Regeln der üblichen Normen angepasst (Entgleisungen ausgenommen ☺).

Dieses uns so selbstverständliche Reden wird aber dann plötzlich schwierig, wenn es zu Missverständnissen, Problemen oder Unverständnis innerhalb der Beziehung gekommen ist. Noch schwerwiegender wird es, wenn man den Anderen verletzt oder gedemütigt hat. Denn dann fehlen uns plötzlich die Worte, die uns sonst so leicht über die Lippen kommen und vor allem fehlen uns die RICHTIGEN Worte. Nicht jeder möchte deshalb gleich ein „Kommunikationstraining" absolvieren, aber es ist gut, die eiserne Grundregel der „ICH-Botschaften" zu kennen. „Ich fühle mich gedemütigt", hört sich besser an als: „Immer musst Du mich demütigen!".

Da ich in meinen anderen Büchern so oft auf dieses Thema eingegangen bin, möchte ich es hier nicht zu langwierig werden lassen, aber ich möchte jedem ans Herz legen, mit seinem Freund spätestens dann in eine sinnvolle und wertfreie Kommunikation zu treten, wenn es am „Brodeln" ist. Besser früher als zu spät, denn wenn noch mehr Emotionen mit hochkochen wird es unter Umständen sehr sehr hitzig.

Gute Freundschaften zeichnen sich dadurch aus, dass solche Gespräche und auch Gesten dazu gehören. Wer gut miteinander lachen kann, sollte auch versuchen gut miteinander zu reden. Wertfreiheit, Offenheit, Ehrlichkeit und ein guter Ton machen hier die Musik. Anschuldigungen, Vorwürfe und Unterstellungen gehören definitiv nicht dazu – denn sie zerstören mehr, als dass sie nur im Entferntesten gut tun könnten.

Zuhören gehört genauso dazu, wie das Reden an sich.

Aber auch im Alltag der Freundschaft ist es wichtig, sich sinnvoll auszutauschen.

Oft gibt es aber unterschiedliche Auffassungen von Gesprächsabläufen in Freundschaften. Manch einer möchte zum Beispiel sein Problem einfach nur erzählen und braucht nur etwas Aufmunterung – sein Gegenüber möchte daraus aber eine Abhandlung machen und mit Rat und Tat zur Seite stehen. Das kennt sicher jeder und gerade unter Frauen ist das ein weitverbreitetes Beispiel. Mir wurde sehr oft in meinen Interviews gesagt, dass es „sie" nervt, wenn die Freundin im Gespräch plötzlich noch ein größeres Problem aus der Sachlage macht, anstatt zu trösten oder einfach nur zuzuhören.

„Einfach mal die Kresse halten" ist auf Facebook so ein schöner Spruch. ☺

Andere spielen das Problem herunter oder geben gar noch Anschuldigen von sich: „Dass DU aber auch immer solche Probleme hast!". Ich hoffe, dass solche Menschen irgendwann einmal reflektieren (oder dieses und ähnliche Bücher lesen). Wie kontraproduktiv solche Antworten sind, ist eigentlich mehr als logisch und erschließt sich spätestens hier beim Lesen. Niemand braucht Vorwürfe, wenn es ihm schlecht geht, er eine Krankheit oder etwas Schlimmes erlebt hat. Das ist nämlich eine „Wertung", die hier absolut gar keinen Platz hat. Wer seine Freundin gut kennt, müsste eigentlich (!) auch wissen, was sie in solchen Momenten braucht. Ungefragte Rat-SCHLÄGE sind übrigens oft ebenso unangebracht. In einer normalen Beziehung, die stabil ist und deren Beteiligten sich gut kennen, dürfte klar sein, was der Andere braucht, wie er tickt und WIE man ihm helfen kann. Wenn man nicht weiß, wie man helfen kann, könnte man nachfragen... anstatt auf ihn einzuschlagen. Im Endeffekt missbraucht derjenige das Vertrauen des Anderen und ganz sicher wird er ihm so schnell kein Problem mehr anvertrauen. Das habe ich wirklich von ganz vielen weiblichen Interview-Partnerinnen nun gehört – es ist also kein Einzelfall. Sich zurücknehmen, zuhören und abwarten wäre hier eventuell die Devise.

Schwierig kann sich aber auch gestalten, wenn ein Partner partout nicht über seine offensichtlichen Probleme, die sich aber auswirken, sprechen mag. Hier hilft nur sanfte Nachfrage.

Ich selbst habe ein Er-SCHLAGEN-Werden auch schon erlebt, als mich eine Freundin nach meiner MS fragte und ich bewusst nur kurz geantwortet habe (da ich sie ja schon kenne). Bingo: es kam eine Abhandlung, gemischt aus Unverständnis, Ratschlägen und dem „Dass Dir das aber auch so passiert ist!!!". Wenn ich jetzt sage, dass es mir nach dem Gespräch schlechter ging als vorher – wen wundert es? Ich konnte nämlich weder meine wirklichen Sorgen loswerden (sie wurden im Keim erstickt), noch konnte ich ansatzweise meine Emotionen dazu loswerden (sie wurden von meinem Gegenüber analysiert, ohne sie zu kennen), noch konnte ich etwas Positives mitnehmen, da sie noch Anschuldigungen loswurde. DANKE! Dass ich mich zurückziehe und beim nächsten Gespräch aber genau dieses Problem ansprechen werde, liegt auch auf der Hand. Wenn so etwas einmal passiert und ansonsten nicht, dann ist es ja auch nicht so schlimm, da jeder Mal „einen schlechten Tag" hat... Wenn aber der Ablauf immer so ist – dann muss man etwas ändern. Ich hatte damals nicht die Kraft, direkt etwas dazu zu sagen, also werde ich es beim nächsten Treffen tun und dann entscheidet es sich, wie viele Treffen es noch geben wird – oder ob sich unsere Freundschaft auseinander gelebt hat. Auseinanderdiskutiert hat, auseinander be-rat-schlagt hat und ob dieses letzte Verhalten das Fass, das sowieso schon immer kurz vorm Überlaufen war, nun endgültig zum Wassersturz hat werden lassen.

Bei aller Freundschaft: man muss auch nicht alles aushalten!

ASPEKTE der Freundschaft

Zum Abschluss des Kapitels möchte ich nun noch als Zusammenfassung die **ASPEKTE einer Freundschaft** darstellen:

Mir stellt sich oft die Frage, ob es **„die"** Freundschaft überhaupt gibt, oder ob es nur „Momente" einer Freundschaft gibt. Bleibt Freundschaft, geht sie wieder und warum? Ist sie stabil, weil es einfach ein Wort („Freundschaft") ist, wie auch eine Ehe dazu angelegt ist, für „immer" zu sein? Welche Wandlung verkraftet eine Freundschaft, kann sie daran wachsen oder eher eingehen? Gibt es die „vollkommene" Freundschaft, braucht man sie oder kann ein Freund alleine gar nicht vollkommen sein?

Fragen über Fragen, die nicht wirklich beantwortbar sind und auch im Erleben für mich sehr unterschiedlich sind. Jede wie auch immer geartete Freundschaftsform weist Strukturmerkmale auf, welche mehr oder weniger stark oder schwächer ausgeprägt sind.

Der sogenannte emotionale Aspekt steht am Anfang einer Freundschaft, mit dem die Freundschaft irgendwann einmal beginnt. Dafür braucht es Sympathie oder zumindest ein gutes Empfinden. Dies alles kann unbewusst und auch völlig irrational stattfinden (wie bei der Liebe ebenso). Die Intensität dieses Aspektes hängt von einigen Faktoren ab – unter anderem dem Selbstwert und den gesellschaftlichen Normen.

Ein weiterer Aspekt ist der soziale Aspekt, der darauf aus ist, den Zustand der Freundschaft möglichst lange aufrecht zu erhalten. Hierfür muss aber die Fähigkeit zur Bindungsbereitschaft bestehen, auf die ich ja auch schon eingegangen bin. Resultierend daraus ergibt sich dann das, was den meisten Befragten am Wichtigsten innerhalb einer Freundschaft ist: Vertrauen, Solidarität und Treue.

Des Weiteren gibt es den Aspekt, dass sich jede Freundschaft eine ganz eigene Intimsphäre schafft. Beispielsweise das vertraute Reden, die Offenheit.

TEIL 2
PROBLEME in der Freundschaft

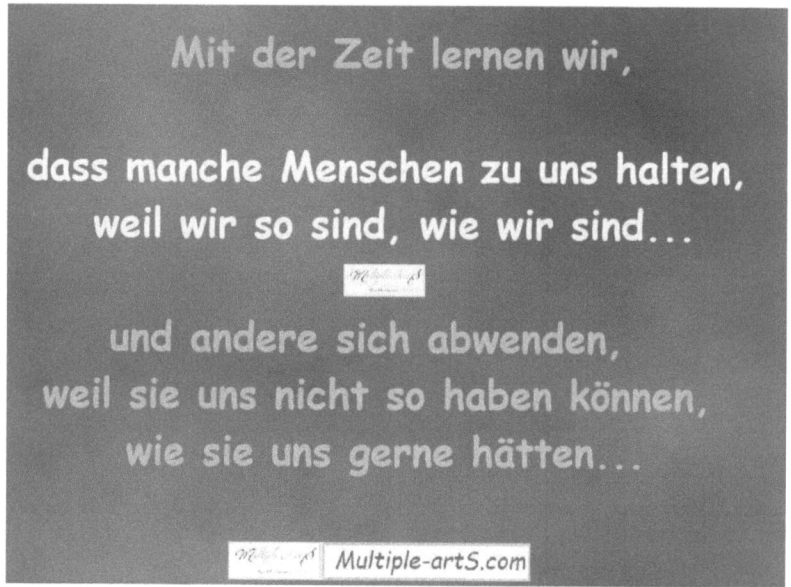

Mit der Zeit lernen wir,

dass manche Menschen zu uns halten,
weil wir so sind, wie wir sind...

und andere sich abwenden,
weil sie uns nicht so haben können,
wie sie uns gerne hätten...

Multiple-artS.com

KRÄNKUNGEN

Jeder fühlt sich ab und an gekränkt, jeder kennt es und doch mag natürlich niemand gekränkt werden. Ich selbst fühle mich immer fürchterlich, wenn ich jemanden unabsichtlich gekränkt habe. Das beliebte „Fettnäpfchen", eine unbedachte Äußerung oder Handlung –

all das kann eine Kränkung ebenso auslösen, wie schwere Entgleisungen des Verhaltens oder der Wortwahl.

Mit dem Begriff Kränkung wird die Verletzung eines anderen Menschen in seiner Ehre, seinen Gefühlen, insbesondere seiner Selbstachtung bezeichnet. Sigmund Freud sah die „Narzisstische Kränkung" als Selbstwertkränkung infolge einer Zurückweisung.

Was kränkt macht krank.

Das klingt so einfach und doch möchten wir dies weder erleben, noch ausbaden müssen. Kränkungen und Demütigungen begegnen uns auf vielfältige Art und Weise. Wer chronisch krank ist, hat allein durch die Krankheit schon eine Kränkung erfahren.

Eine Demütigung ist die den Selbstwert, die Würde und den Stolz angreifende beschämende und verächtliche Behandlung eines Anderen, oft auch im Beisein oder vor den Augen anderer Personen. Demütigung kann Ausdruck einer gezielten Aggression oder Provokation sein. Auch ein Misserfolg, der als Scheitern oder Niederlage bewertet wird, wird oft als Demütigung aufgefasst.
(https://de.wikipedia.org/wiki/Demütigung).

Kränkungen haben im Empfinden immer mit dem Gefühl von „Abwertung" und Missachtung zu tun. WIR fühlen uns erniedrigt, gedemütigt, gekränkt. Und oft nur, weil wir eine Äußerung des Anderen „werten", anstatt sie einfach nur zu hören. Wir fühlen uns dann angegriffen oder in Frage gestellt und das schmerzt! Aber je selbstsicherer wir sind, je authentischer und in uns ruhender, je stabiler und innerlich ausgeglichener - umso weniger fühlen wir uns tatsächlich gekränkt.

Aber auch hier klingt das Geschriebene einfacher, als es tatsächlich gelingt so auf die Schnelle umzusetzen. Deshalb ist es so wichtig, sich in einer festen Freundschaft/Beziehung immer direkt zu äußern, nachzufragen und zu klären – bevor große Missverständnisse entstehen und Kränkungen daraus erwachsen....

Mit Vorwürfen sollte man deshalb extrem sparsam umgehen und sie tunlichst vermeiden.

Interessant ist der Aspekt, dass wir eine Aussage unseres Gegenübers als kränkend empfinden und uns somit leider selbst die Kränkung zufügen, da wir seine Worte als verletzend und kränkend WERTEN. Unsere Verletzbarkeit hängt in einem sehr hohen Maße von unserem Selbstwertgefühl ab. Darüber habe ich in den vorangegangenen Seiten schon berichtet. Ein Mensch mit geringem Selbstwertgefühl und einer geringen Selbstachtung wird eine unbedachte Äußerung schneller als Angriff oder Beleidigung verstehen.

> Manchmal muss man in seinem Leben
> **klare Grenzen** ziehen.
> Man braucht nicht alles hinzunehmen, denn schnell
> wird Gutmütigkeit mit Schwäche verwechselt
> und man wird ausgenutzt.
>
> Diese Grenzen zu ziehen - das ist notwendig!
> Nicht, um dem Anderen weh zu tun,
> sondern um sich selbst vor Verletzungen zu schützen
> und vor allem,
> **um sich selbst mit Achtsamkeit zu begegnen.**
>
> by MULTIPLE-ARTS.com

NEID

Mir wurde oft, da ich sehr viel mit Neidern zu tun hatte, wohlwollend von Freunden der durchweg positive gemeinte Satz ans Herz gelegt: „Neid muss man sich erarbeiten!". Das ist zwar wahr (und theoretisch sollte ich stolz darauf sein) und doch schmerzt es, wenn man Opfer einer Neid-Attacke ist.

Neid kann in jeglicher Form der Beziehung aufkommen – also auch unter Freunden. Man kann neidisch auf Geld und Besitz sein, auf Erfolg und Anerkennung, auf das Aussehen und die Beliebtheit, Intelligenz und Vieles mehr. Dem Neid an sich sind keine Grenzen gesetzt.

Und doch möchte niemand hören, er sei „neidisch"! Neidgefühle scheinen erst einmal sehr negativ besetzt und man weist sie stark von sich. Und doch kennt auch jeder das Gefühl einmal neidisch gewesen zu sein. Experten wissen, dass gelegentlicher Neid absolut nichts Verworfenes ist – er kann uns motivieren, einen neuen Blick auf gewisse Dinge und Sachverhalte liefern – er kann uns bei der Eigen-Reflektion helfen und uns voranbringen. Schädlich ist Neid dann, wenn er uns beherrscht, wenn er ausartet und bösartig werden lässt (Beispielsweise Mobbing). Im Grunde ist der „Neidische" ein Mensch, dem scheinbar etwas fehlt – und zwar das, auf das er neidisch ist. Eigentlich bemitleidet er sich selbst, er macht sich klein und hat vor allem kein gutes Selbstwertgefühl. Er gönnt Anderen nichts und dies kann sich in absoluter Feindseligkeit, Wut bis hin zum Hass äußern. Unbewusst kommt bei ihm noch dazu eine Traurigkeit hinzu, dass er das so „Bewundernswerte" nicht haben oder erreichen kann…. Denn wenn man bei dem ewigen zwanghaften „Vergleichen" und oft auch Beobachten, bis hin zum Stalken, das Gefühl hat, man würde selbst schlechter dabei abschneiden als der Beneidenswerte, dann muss das ja Emotionen auslösen! Derjenige fühlt sich (unbewusst) als Versager und rutscht nicht selten in eine (oft unbewusste) Depression. Meistens aber führt Neid zu feindseligen Verhaltensweisen. Diese können sich in Sticheleien, abwertenden Bemerkungen, Anschwärzen, schlecht über jemand Reden bis hin zum Lügen äußern und zu Aggressionen führen. Noch dazu kommt die Schadenfreude auf, wenn dem Beneideten dann mal tatsächlich etwas nicht gelingt. Neid und Eifersucht liegen im Übrigen auch eng beieinander.

Sicher ist, dass schlimmer Neid kein gutes Gefühl ist und wer ehrlich in sich hineinhorcht wird dies auch spüren.

Für den Betroffenen, der dem Neid ausgesetzt ist, kann das Verhalten des neidischen Gegenübers bedrohlich sein: Mobbing, Stalking und üble Nachrede, Lügen und Unwahrheiten werden verbreitet... Das sind nur einige der üblen Machenschaften.

Beneidet zu werden hat mich noch nie befriedigt, es ist unangenehm und wenn man schon Neid-Mobbing erleben musste, dann ist schnell klar: Tiefer Neid verursacht unter Umständen Böses, verrichtet Schäden und kann Verwüstung hinterlassen. Auch wenn es unzählige Empfehlungen gibt sich zu wehren – einfach ist es nicht.

Sicher ist aber, dass Neider wirkliche Probleme mit sich und ihrem Selbstwert haben. Deshalb verwundert es auch nicht, dass sie – wie beim Mobbing auch – oft in Gruppen auftreten und sich dann gegenseitig noch beweisen möchten, wie „toll" sie es dem Anderen aber „gegeben" haben. Arm!

Unter dem vermeintlichen Schutz der Gruppe kann es erst recht zu herben Grenzüberschreitungen kommen. Und auch hier gilt: wer es nötig hat, sich solch einer Neider- und Mobber-Gruppe anzuschließen, damit er seinen Selbstwert „aufbessern" kann (vermeintlich), oder sich dann einfach stärker oder auch bestätigt fühlt, der hat das tatsächliche Problem!!! Aber diese Menschen haben neben ihrem geringen Selbstwert auch keine gute Eigenwahrnehmung und somit sehen sie sich auch niemals als schuldig an.

Da es sich nicht gut anfühlt, auf jemand Anderen neidisch zu sein, macht man ihn einfach schlecht und fühlt sich dann für den Moment besser. Oft erkennen aber selbst geübte Lästermäuler, dass dies ein fieses Verhalten ist und es hinterlässt sogar bei ihnen oftmals ein schlechtes Gefühl.

Geh` Deinen Weg!

MISSVERSTÄNDNISSE

Oft verletzen wir gerade die,
die uns nahe stehen,
denn wir sind zornig auf uns selbst
und voller Wut
schreien wir den Menschen an,
der uns versteht.
Hab ich Dir weh getan,
so tut es mit Leid.
Ich habe es nicht so gemeint.
-Susan Polis Schulz-

Wer kennt es nicht, dass aus einem winzig kleinen Missverständnis ein Drama wurde?!?

Auch wenn man weiß, dass es Missverständnisse immer wieder geben wird – sie haben das Potenzial zum Explodieren!

Das kann damit beginnen, dass jemand etwas sagt, das UNS an etwas Negatives erinnert und wir plötzlich deutlich empfindlicher reagieren, als es der Situation angemessen gewesen wäre. Es kann auch sein, dass die Wortwahl des Anderen nicht so begreiflich ist und wir im Affekt und auch in der eventuellen Aufregung etwas ganz anders verstehen, als es gemeint war.

MISSVERSTÄNDNIS

Dazu kann ebenfalls der Tonfall, Mimik und Gestik beitragen.

Manchmal bekommen wir einfach etwas in „den falschen Hals" und reagieren darauf zum Beispiel wütend oder verletzt! Unser Gegenüber kann all dem vielleicht nicht folgen und wundert sich. Je nachdem, wie er dann wiederum auf Gefühle reagieren KANN, kann es zum Drama kommen. Deshalb ist es so wichtig nachzufragen – und das möglichst wertfrei.

Es gibt auch anders geartete Missverständnisse, die sich vielleicht auch Jahre später erst aufklären.

Und es gibt jene kleinen Missverständnisse, die das Gegenüber aufgreift, um „angreifen" zu können und gar als Mobbing verwendet. Hier ist das sich unmittelbare Wehren oder auch nur Erklären noch schwieriger.

Wer schon einmal Opfer von (eventuell sogar banalen) Missverständnissen wurde, kennt die Ohnmacht, die einen überfällt, wenn man sich nicht wehren kann. Manchmal muss man hilflos mitanschauen, wie man in einen Strudel gerät, der völlig ungerechtfertigt ist und man kann kaum etwas dagegen tun.

VORWÜRFE

Vorwürfe sind Angriffe. „Warum hast DU…!?!", „Wie konntest Du nur…?" und so weiter. Vorwürfe sind deshalb sehr destruktiv, da sie dem Gegenüber keine Möglichkeit geben etwas zur Sachlage beizutragen – man wird im Vorneherein verurteilt. Im Grunde hat dies mit unerfüllten Erwartungen des Anderen zu tun, der uns dann deshalb wiederum maßregelt. Ein konstruktives Gespräch ist das nicht und eine echte Kommunikation sieht deutlich anders aus.

Sich die „Meinung" zu sagen ist ok, solange Ton und Gestik stimmen. Die sogenannte „Ich-Botschaft" ist hier hilfreich: „ICH bin traurig, weil Du mich gestern alleine gelassen hast!" – solch einem Satz ist erst einmal nichts entgegen zu setzen, denn die Ich-Botschaft beinhaltet das Gefühl des eigenen Ichs. DANN kann man klären, warum diese Situation so war und schon ist man auf einer angenehmen Ebene – weg von Vorwürfen und unsachgemäßer Kritik.

Rivalität

Rivalität gibt es sicherlich in jeder Form eines Beziehungsgeflechtes. Rivalität kann einfach nur eine Art Ansporn sein, kann aber auch schnell ins Negative umschlagen und zu Neid und Missgunst führen.

„Der Ausdruck Rivalität (aus dem französisch rival; von lateinisch rivalis ‚jemand, der an der Nutzung eines Bewässerungslaufes mitberechtigt ist', von lateinisch rivus ‚Bach') bedeutet Gegnerschaft, Nebenbuhlerschaft, Wettbewerb, Konkurrenz, Konkurrenzkampf, Wettkampf, Wettstreit oder Antagonismus bzw. Dualismus einander feindlich gegenüberstehender Machtfaktoren (wie im Kalten Krieg oder Privatinteressen gegenüber Sozialverpflichtungen). Im allgemeinen Sprachgebrauch ist die Rivalität eine spezielle Form der **Konkurrenz**." (https://de.wikipedia.org/wiki/Rivalität)

Die Grenzen zwischen nur drohend abschreckendem Imponier-Verhalten und tatsächlich verletzendem aggressivem Verhalten sind bei Rivalitäts- Rangordnungs- und Revierkämpfen oft fließend. Rivalität kann auch die Eigenreflektion im Positiven stärken, die Motivation erhöhen und anspornen. Meist aber führt eine relativ harmlose Rivalität durch verschiedene innere und/oder äußere Umstände zu der Art Rivalität, die dem Rivalen erheblich schadet. Diejenigen, die rivalisieren möchten nehmen sich Missgunst und Neid zu Hilfe und bombardieren das Opfer. Diese Form der Rivalität kann nicht nur für die Person und ihr Ansehen, sondern auch umgreifender schädlich sein. Deshalb ist es wichtig, innerhalb einer Freundschaft zu beobachten, wie sich eine Rivalität äußert, ob sie plötzlich und gehäuft auftritt oder eine einmalige Angelegenheit ist. Des Weiteren muss man scharf beobachten, ob aus dieser Rivalität etwa Mobbing wird. Innerhalb einer engen Freundschaft kennt man seinen Freund ja eigentlich gut und kann vielleicht schon frühzeitig Anzeichen wahrnehmen und dies sofort ansprechen. Manchmal aber kippt die Stimmung derart plötzlich, dass man fassungslos mitansehen muss, was da gerade für ein Tornado über einen hinwegfegt.

In sozialen Netzwerken ist Rivalität leider weit verbreitet und da man nicht zu jedem User engen Kontakt hat und auch nicht mit all deren Freunden befreundet ist, kann man sehr plötzlich Opfer solcher Rivalität werden. (Beispiel: wer hat mehr Freunde, wer bekommt mehr Likes oder auch Seiten-Betreiber, die sich untereinander nicht die Sonnenseite gönnen).

Wie schon in den anderen Kapiteln beschrieben, sei zum Trost gesagt, dass diese Menschen ein Problem mit sich selbst haben und sehr unzufrieden sind – sonst würden sie jedem anderen sein Glück und seinen Frieden von Herzen gönnen. Wer Andere mit seinen Worten oder seinem Verhalten erniedrigt, macht das oft, um sich selbst damit besser zu fühlen. Aber ich weiß aus eigener Erfahrung, dass dies nur ein schwacher Trost ist.

LÄSTERN und Schwatzen, Klatschen und Tratschen

LÄSTERN ist etwas oder jemanden hinter seinem Rücken schlechtreden; boshafte, gehässige Kritik äußern.
Wer das Wort „Lästern" hört wird sich vielen Emotionen stellen (müssen).
„Man lästert nicht!" ist wohl einer der gängigsten Sätze dazu überhaupt. Ich bin bei meinen Recherchen auf so viele Meinungen und wissenschaftliche Studien gestoßen, dass mir bildlich gesprochen die Haare zu Berge stehen. ☺
Und es scheint 2 Lager zu geben: die einen verurteilen das Lästern, die anderen können dem Lästern aber auch gute Seiten abgewinnen und behaupten, dass das gemeinsame Herziehen oder Austauschen über Dritte sogar positive Effekte auf unsere Psyche und unser soziales Miteinander haben kann.

> ➤ **Einig sind sich aber alle Wissenschaftler: Negativ über Andere zu reden erfolgt oft aus verletztem Stolz und geringem Selbstwertgefühl.**

Wer lästert, gibt immer auch ein Stück seiner eigenen Unzulänglichkeit preis und scheint wenig gönnerhaft und vor allem neidisch zu sein. Wer sich dagegen nicht in die Angelegenheiten anderer einmischt, scheint eine wahre Charakterstärke zu haben. Frei nach dem Motto: Leben und leben lassen. Indem man über Andere schlecht redet, versucht man eigentlich nur, sich selbst besser darzustellen und sich dadurch besser zu fühlen. Man probiert lediglich sein verletztes oder gekränktes Ego durch das Lästern wieder zu stärken.
In jeder Freundschaft und in jeder Partnerschaft redet man über Dritte. Das ist normal. Ab wann aber wird es gefährlich oder unfair? Die Vorstellung, dass hinter unserem Rücken über uns getratscht wird, ist nicht sehr angenehm. Und doch tun wir es selbst immer wieder Mal. Interessant ist auch, dass Lästern vor keiner Alters- oder Geschlechtergruppe Halt macht!

Lästerei entscheidet nicht nur zu wem man gehört, sondern auch wer man ist oder gar sein möchte. Mit Klatsch und Tratsch werden eigene Werte bestätigt und verfestigt.

Die Ambivalenz zwischen zerstörerischem Lästern und dem hilfreichen Lästern ist gewaltig und vor allem ist sie schwierig in wenigen Worten einzufangen. So zeigte sich, dass Personen, die ohnehin gut ankommen, es sich offenbar auch eher leisten können ein Lästermaul zu sein. Das ist wirklich erst einmal fremd und scheint ungerecht. Allerdings büßt so jemand auch schnell wieder an Vertrauenswürdigkeit und Sympathie ein. Das heißt, **wer deutlich und häufig immer wieder über die Stränge schlägt, macht sich langfristig keine Freunde - egal wie angesehen er ist.** Denn wer sich ständig über die (Miss-) Erfolge einer Person lustig macht oder darüber lästert, wird irgendwann von den Zuhörern selbst als wenig kompetent abgestempelt. Wer allerdings eher Gutes über seine Mitmenschen berichtet, erfährt (unbewusst) eine Aufwertung und zwar sowohl durch Andere, als auch durch sich selbst. Fazit daraus: Lob für Andere steigert das eigene Selbstbewusstsein – auch im Ansehen von „Außen". (Das passt auch zum Thema „Neid").

In einer Gruppe stärkt Lästern beispielsweise die Zugehörigkeit einer Person zu dieser Gruppe. Es schweißt Menschen leider eher stärker zusammen, wenn sie negativ über Andere sprechen anstatt positiv. Und Psychologen behaupten, dass jede gute Beziehung ein gemeinsames Feindbild brauche. Das können der nervende Nachbar sein oder unter Kollegen der cholerische Chef; bei Sportlern beispielsweise der Konkurrenzverein. Je größer die gemeinsam gepflegte Abneigung ist, desto größer ist der Zusammenhalt.

Als Warnung verstanden hilft Lästern dann, wenn man etwas mitbekommt, was einen Dritten schädigen könnte und man diesen dann informiert.

Außerdem stellten Wissenschaftler fest, dass Tratsch das Verhalten der Person, über die geredet wird, beeinflussen kann. Wenn zum Beispiel Menschen erfahren haben, dass Andere über sie redeten und dadurch ausgegrenzt wurden, veränderten diese in der Regel ihr Verhalten und waren künftig fairer. Selbst die bloße Befürchtung, man könne ein Opfer von Tratsch werden, kann dazu führen, dass sich man sich sozialer verhält bestätigten Forscher. Das heißt, auch wenn

Lästern zwar oftmals boshaft ist, kann es doch auch (wenn es nicht mit mobbenden Absichten geschieht) dazu dienen, Andere zu „ermahnen" und die soziale Ordnung in Gruppen aufrechtzuerhalten.

Prinzipiell ist es so, dass das Lästern zu den eher „üblichen Freuden" des Alltags zählt. Denn kaum etwas bringt einem (leider) so viel ungeteilte Aufmerksamkeit wie negative Äußerungen über Dritte. Aber auf Dauer erweist sich Lästern aber eher als (selbst-) schädigend. Denn erstens ruiniert es den eigenen Ruf: Wer zu oft lästert, wird aus Sicht Anderer zum Meckerer, Stänkerer oder "Lästermaul", dessen Hauptanliegen darin besteht, Kollegen oder Bekannte schlecht zu machen. Und zweitens merken einige doch schnell, dass sich der Lästernde nur interessant machen möchte und wohl seine Frustrationen loszuwerden versucht. **Noch dazu erzeugt wiederholtes Lästern beim Zuhörer Misstrauen**, denn kaum denkt er nach, wird er sich fragen, ob über ihn selbst genauso erzählt wird. Außerdem kann Lästern Freundschafts- und Paar-Beziehungen zerstören.

Manche Menschen, die nicht gerade mit Stärken glänzen können, suchen sich (hilflos) eine Gruppe, in der sie sich hervortun wollen, um Andere besonders gezielt beleidigen zu können. Wenn man so jemandem gegenübersteht, sollte man versuchen zu denken, dass er einem eigentlich nur leidtun kann, wenn er solche Machenschaften braucht um „wichtig" zu sein!

- ✓ **Wer über Andere negativ redet, verbreitet immer seine eigene Wahrheit. Er gibt mehr von sich preis, als über die Person, über die er lästert. Denn es sind in der Regel seine verletzten Gefühle und sein gekränktes Ego, das aus seinen bösen Worten sprechen.**

Gründe zum Lästern gibt es viele:

Es wird nämlich Folgendes deutlich: je mehr Leute eine gleiche Meinung haben, desto eher ist man bereit, deren Aussagen für richtig zu halten und man schließt sich schneller dieser Meinung an. Traurige Gewissheit ist deshalb: Je mehr Menschen also schlecht über jemanden reden (und ihre Meinung kundtun, dass die Person schlecht sei), umso eher wird über denjenigen geredet und desto größer ist die Gefahr, dass man womöglich selbst irgendwann zu den Gesprächsbeteiligten gehören wird und somit mitten drin im Läster-Geschehen ist. Spätestens hier muss man sich fragen, ob man das überhaupt möchte!

Folgen könnten nämlich sein, dass man die Verbindung zu seiner wahren Natur und damit den Anschluss zu sich selbst verliert, sowie natürlich auch zu anderen Freunden.

Und die Folgen für das Opfer sind sowieso vielfältig. Auf jeden Fall wird derjenige mit negativer Energie und negativen Geschichten behaftet. Das heißt, er wurde **unschuldig verurteilt** und hatte nie eine Möglichkeit zur Stellungnahme.

Ein weiterer Grund ist der Aspekt der Sensation. WOW, SCHOCK – man erfährt etwas Neues! Und: Je schockierender oder außergewöhnlicher die gehörte Geschichte ist, desto aufgeregter trägt man sie weiter. Ob das Gesagte hier tatsächlich der Wahrheit entspricht, ist dabei unwichtig. Die Sensation und die Neuigkeit stehen im Vordergrund.

Die Frage ist außerdem, wenn man doch eigentlich weiß, dass jeder über jeden redet: woher kommt dann dieses seltsame Unbehagen bei der Vorstellung, selbst Thema einer solchen Unterhaltung zu sein? Denn der Tratsch über uns *könnte* doch auch positiv sein - theoretisch. Allerdings haben viele Menschen einfach im Gespür, dass Klatsch meist negativ ist. Denn wer negativ auffällt, bekommt eher breite Aufmerksamkeit. LEIDER!

Noch eine wichtige Funktion des Lästerns ist es, möglichst schnell und möglichst viel über andere Menschen herauszufinden (ohne jeden von ihnen sehr gut kennen zu müssen). So sind Klatsch und Tratsch wie eine Art soziales Warnsystem zu verstehen, denn man wird sich von jemandem, der angeblich unzuverlässig, boshaft oder hinterhältig ist, lieber gleich fernhalten. Das heißt wiederum, dass (vorsichtiges) Lästern gar hilft sich sozial zu orientieren. Zum Beispiel kann man so schneller begreifen, wen man besser meidet und wem man eventuell trauen kann. Hier geht es aber immer nur um das harmlose Lästern, nicht um das Mobben! Auch das eigene Handeln kann dadurch bestimmt und definiert werden. Schnell erfährt man, welche Verhaltensweisen im eigenen sozialen Umfeld nicht gern gesehen sind oder welche wiederum durch Anerkennung belohnt werden. Das ist eine Form der „sozialen Kontrolle" und ist Psychologen zufolge eine weitere wichtige Funktion des Lästerns. In diesem Sinne geht es beim eher harmlosen Lästern deshalb auch häufig darum, dass sich jemand womöglich nicht an die sozialen Regeln der Gemeinschaft gehalten hat. Darum sind auch moralische Fehltritte besonders beliebte Themen zum Lästern. Das wiederum zeigt auf, warum so gerne in Gruppen gelästert wird. Denn je kleiner und in sich geschlossener die Gemeinschaft ist, desto wichtiger ist die soziale Kontrolle.

Der soziale Vergleich ist ebenfalls einer der Läster-Gründe. Denn man kann sich selbst besser einordnen, wenn über Andere gelästert wird. Das heißt, vorsichtiges Lästern hilft dann sogar beim Reflektieren und Sortieren der eigenen Gedanken.

Hier zeigt sich die oben erwähnte Ambivalenz des Lästerns: einmal, sich **über** Andere zu erheben und sie **schlecht zu machen** und gleichzeitig in **sozial akzeptierter** Form seinen Frust abzulassen.

In einem Gespräch mit einer Psychologin zu diesem Thema konnte ich meine Schlüsse ziehen: wenn man mit einem vertrauten Partner (Ehepartner, beste FreundIn) einmal lästert, kann dies befreien und die oben erwähnte wohltuende und leerreiche Erfahrung bieten. Solange dies nicht nach außen dringt, kann es wirklich einem Sortieren dienen.

➢ **Sobald aber Lästern zum Mobbing oder womöglich öffentlich wird und man dem Anderen Schaden zufügt, ist es ein klares „No-Go" – absolut nicht vertretbar!**

Ein paar Ideen, wie man sich als Läster-Opfer verhalten sollte (nach Recherchen aus vielen wissenschaftlich psychologischen Studien):

Stehen Sie dazu, dass Ihnen in der betreffenden Situation nichts zu erwidern einfällt und schweigen Sie einfach. Das ist unverfänglich, weil es keine neue Angriffsfläche bietet.

Man kann sich zu einer anderen Gruppe gesellen und muss gar nicht unbedingt mit ihnen reden. Wichtig ist einfach, dass man die Situation verlässt.

Man darf sich als Opfer nicht klein machen lassen und muss versuchen über den Dingen zu stehen und somit versuchen, den Worten dieser Lästerer nicht zu glauben. Das hat viel mit dem Selbstwert zu tun.

Versuchen Sie zu sehen, dass diejenigen die lästern, es vor allem für sich tun und es nicht vornehmlich gegen Sie gerichtet ist. Leider allerdings bekommt man **deren Schwäche und Unsicherheit** ab.

Kein Mensch hat ein Recht dazu, über Sie zu urteilen. Geben Sie diesen Leuten keine Plattform. Denn im Grunde ist es sehr schwach von ihnen, wenn sie Andere schlecht machen müssen, um sich selber besser zu fühlen.

Es ist ganz wichtig vorzugeben, dass einem das alles nichts ausmacht. Das ist sehr schwer, vor allem wenn man sich gegenübersteht und die Mimik viel verrät - aber es ist effektiv. Mit viel Glück verlieren diese Menschen dann nämlich das Interesse an Ihnen als Läster-Opfer.

Als **Fazit** lässt sich sagen: gelästert wird, weil man Spaß daran hat und seine Gefühle offenbaren will oder neidisch ist. Im Grunde sollte man als „Opfer" gelassen damit umgehen, denn wenn über Sie geredet wird, sind Sie Teil des sozialen Netzwerks. Vorsicht ist immer dann geboten wenn Lästereien zu Mobbing werden.

Ein interessanter Aspekt ist, dass wenn man über andere schlecht redet, dies natürlich „vermeintlich" viel friedlicher ist, als würde jemand sofort handgreiflich werden.

Als Aspekt der Zusammengehörigkeit gilt: Wer gemeinsam lästert isoliert diejenigen, die sich nicht an die üblichen Werte und Normen halten und fühlt sich somit verbundener.

Auf jeden Fall ist deutlich geworden: wer MOBBT oder boshaft lästert, vergleicht sich automatisch mit Anderen. Das bedeutet ganz klar, dass derjenige Andere zum Zeitpunkt des Lästerns unter sich stellt. Negativ über Andere zu reden ist eine Art Ventil um Gefühle loszuwerden und ist definitiv nichts Gutes. Es zeigt sogar den eigenen schlechten Selbstwert des Lästernden/Mobbenden. Eigentlich ein Beispiel der eigenen Hilflosigkeit und „Unterwürfigkeit"! In Wahrheit also ein Trauerspiel des Mobbenden!

Vielleicht hilft uns allen dieses Wissen, wenn wir das nächste Mal Opfer eine Läster- oder Mobbing-Attacke werden und vielleicht liest es gar ein Lästernder und überdenkt sein womöglich unbedachtes Verhalten!

MOBBING

Mobbing findet man überall – es kann schon im Kindergarten stattfinden und es begleitet uns bis ins hohe Alter.

Mobbing – aus dem Englischen – bedeutet jemanden bedrängen, ihn fertig machen, anpöbeln und so weiter.

„In Deutschland kann Mobbing am Arbeitsplatz als systematisches Anfeinden, Schikanieren oder Diskriminieren von Arbeitnehmern untereinander oder durch Vorgesetzte beschrieben werden. Es ist gekennzeichnet durch ein wiederholtes feindliches, herabwürdigendes, einschüchterndes, erniedrigendes oder beleidigendes Verhalten, das bei den Opfern häufig seelische Beeinträchtigungen und in der Folge auch psychosomatische Beschwerden hervorrufen kann." (https://de.wikipedia.org/wiki/Mobbing)

Es gibt weitere „Definitionen" dazu: wenn jemand mindestens einmal wöchentlich über einen Zeitraum von einem halben Jahr hinweg angegriffen, angefeindet, schikaniert oder diskriminiert wurde, ist es Mobbing, das strafrechtlich verfolgt werden kann.

„Kommt es zu strafbaren Handlungen …... so hat der betroffene Arbeitnehmer die Möglichkeit, die Täter auf Unterlassung in Anspruch zu nehmen und zudem strafrechtlich zu belangen, d.h. Strafanzeige wegen Beleidigung, übler Nachrede, Körperverletzung oder sexueller Nötigung zu erstatten."
(http://www.hensche.de/Rechtsanwalt_Arbeitsrecht_Handbuch_Mobbing_Rechte.html#tocitem1)

Allerdings ist es auch schon Mobbing, wenn dies nicht in der vorgegebenen „Definition" passiert. Wiederholtes Mobben (Schikanieren, Angreifen, Diskriminieren, Ausgrenzen usw.) IST eine sehr unangebrachte Form des feindlichen Verhaltens…. Denn es wird dem Betroffenen quasi mit diesen unfairen Mittel die Chance genommen, sich zu wehren und sinnvoll zu kommunizieren.
Leider können sich so falsche Aussagen über eine Person verbreiten. Es können sich Geschichten in den Köpfen der Menschen festsetzen und ein Bild von einer Person erschaffen, das nichts mit der Wahrheit zu tun hat. Sondern nur mit der Wahrheit der lästernden Person.

➢ Wer mit Lästern, Feindseligkeiten und Rivalitäten zu handeln, beziehungsweise zu rächen und mobben versucht, macht sich die soziale Kontrolle in Gruppen zunutze und **verhindert** gleichzeitig eine direkte Konfrontation und **Kommunikation**.

✓ **Negativ über Andere zu reden erfolgt oft aus verletztem Stolz und geringem Selbstwertgefühl.**

Eines der häufigsten Motive des Mobbens ist NEID! (siehe Kapitel „Neid").

Ein Mobber verfügt nicht über genügende **Konfliktlösungsstrategien** und ganz sicher verfügt er über ein nur mangelndes Selbstwertgefühl. Würde er beides besitzen, **hätte er Mobben nicht nötig**, sondern würde sich auf adäquate und sinnvolle Weise dem „Problem" stellen und vor allem würde er eins tun: kommunizieren.

- ✓ **Wichtig ist aus dieser Perspektive heraus zu sehen, dass sich ein Mobbing-Opfer NICHTS hat zu Schulde kommen lassen müssen um gemobbt und schikaniert zu werden! Denn sie werden zum Teil willkürlich zur Zielscheibe des Mobbers!**

Das Tragische ist ja, dass das Mobbing-Opfer oft an sich selbst zweifelt und somit auch verzweifelt. Denn wenn man sich nichts vorzuwerfen hat und doch so heftig attackiert wird, ist man sehr macht- und hilflos. Man fühlt sich ausgeliefert, zumal sich oft noch andere Menschen kritiklos den Mobbern zuwenden. (Aus Unwissenheit, oder weil sie dem Opfer auch noch „eins auswischen" wollen). Dass dies enorme Auswirkungen auf den eigenen Körper und die Psyche haben kann, liegt nah. Wenn man zu stark an sich zweifelt, hebelt man sein eigenes Selbstwertgefühl aus und macht sich dadurch noch angreifbarer und kann sich noch schlechter zur Wehr setzen. Die Leistungsfähigkeit kann sinken oder es können Schlafstörungen und körperliche Beschwerden auftreten. Wer gemobbt wird steht unter einem ständigen STRESS, dem der Körper irgendwann nicht mehr standhalten kann. Deshalb muss man sich eventuell professionellen Rat und Hilfe suchen. Es ist wichtig sich nicht treiben zu lassen, sondern es entweder auszuhalten oder sich zu wehren. Aber auch hier hat alles seine Grenzen, die man sehr sorgfältig abwägen muss.

Unter Freunden oder vermeintlichen Freunden gemobbt zu werden ist besonders hart, weil man es da am wenigsten erwartet hat....

Versuchen Sie sich immer wieder klar zu machen, dass eigentlich der Mobber ein Problem hat – mit sich und seinem Leben. Kein wirklich zufriedener Mensch käme auf die Idee, einem Anderen Schaden zufügen zu wollen. Keiner, der ein erfülltes glückliches Leben führt, möchte die Energie opfern, irgendjemand Böses anzutun. Das beruhigt mich immer etwas, wenn ich es auf Facebook mal wieder mit Mobbern zu tun habe. Im Grunde wünsche ich diesen Menschen dann ein erfülltes Leben – dann nämlich haben sie Besseres zu tun, als sich um andere Leute zu kümmern. ☺

Ebenso verhält es sich mit dem Tatbestand der „Rache". Viele „alte" Freunde möchten sich – warum auch immer – rächen. Wer das nötig hat, sollte sehr an sich zweifeln. Ein ausgeglichener Mensch würde auch hier weder die Energie aufbringen wollen, noch die Kraft auf solch einen Unsinn verwenden.

Mobbing erfüllt noch weit mehr Funktionen als die bloße Sensationslust. Wer das starke Bedürfnis hat, durch Lästern und Mobben die gesellschaftliche Harmonie zu fördern, ist auf dem Holzweg. Allerdings ist Mobben und Lästern eine Art sozialer Klebstoff, der Gruppen vermeintlich zusammenhält. **Leider ist es so, dass Ausgrenzen verbindet und unter den Mobbenden für <u>vermeintlich</u> mehr Solidarität und Zusammenhalt sorgt.**

Interessant ist laut einiger Studien auch, dass wenn man unmoralisches Verhalten beobachtet, der Frust wächst - wenn man diese Information aber weiterreichen kann, fühlt man sich besser. Eine etwas ver-rückte Wirklichkeit! Eins zeigt uns dies: Es wird unter anderem gelästert und auch gemobbt, weil man sich danach scheinbar besser fühlt und - und das ist das Besondere - sich mit Anderen solidarisieren kann. In einer Gruppe fühlt man sich immer stärker als wenn man alleine da stände. Und jedem ist klar: sobald mehrere Menschen zusammenkommen (auch virtuell!!!), sind sie der Versuchung ausgesetzt, sich voneinander abzusetzen, Rangordnungen herzustellen und Hierarchien aufzubauen. Und das geht wunderbar, indem der eine über den anderen herzieht. Und klar sollte jedem sein: Sind Lästern und Mobben erst einmal der „Modus" der Kommunikation in einer Gruppe geworden, ist niemand mehr sicher. Dann können sich die herablassenden Verbalattacken **jederzeit gegen jeden richten**. Auch innerhalb dieser vermeintlich geschützten sicheren Gruppe. So etwas kippt sehr schnell. Besonders in Gruppen, in denen hoher Konkurrenzdruck herrscht, ist es eine Methode Stress abzulassen, Mitbewerber auszuschalten, virtuelle Kontakte zu bekämpfen (bekriegen / anzufeinden) und die eigene Position zu sichern.

Leider ist es so, dass der Mensch von Gemütszuständen „heimgesucht" wird, die sein Denken vergiften, ohne dass es ihm womöglich bewusst wird. Und die sich anhängenden Gruppenmitglieder hinterfragen selten, ob das Opfer tatsächlich „etwas verbrochen" hat! Sie sind Mitläufer, aber auch **Mittäter!** Größe zeigen jene, die sich distanzieren können.

Was anfangs wie ein harmloser Spaß beginnt, indem man locker anfängt irgendwelche Eigenarten eines Anderen zu karikieren, kann sich schnell und erschreckend in Boshaftigkeit und Hetze umwandeln. Andere beteiligen sich – vielleicht anfangs, weil es ihnen „unterhaltsam" erscheint, oder sie sich dazugehörig fühlen möchten. Außerdem wägt man sich in Sicherheit wenn man mitlästert, da man ja schließlich nicht selbst das nächste Opfer sein möchte.

Lästern und Mobben aber sind weder komisch noch unterhaltsam, sondern diese unschönen und äußerst boshaften Verhaltensweisen reduzieren Menschen und stigmatisieren sie womöglich sehr rasch.

Was wäre die Welt so harmonisch und schön, wenn man sich entscheiden würde, seine Kollegen, virtuelle Mitstreiter oder andere Personen generell möglichst als ganze Menschen wahrzunehmen – mit allen Schwächen und Stärken. Ganz schnell würde der Mobbende dann feststellen, dass es viel schöner ist, sich den positiven Dingen des Lebens zu widmen, anstatt die Energie darauf zu verwenden, Leute nur auf ihre negativen Eigenschaften zu reduzieren. Im Endeffekt vergiftet Mobben das Klima in einer Gruppe und vor allem auch das eigene Denken, weil es **ausschließlich durch negative Schemata** funktioniert.

Zusatz-Info, die zum Thema Lästern und Mobbing gleichermaßen passt: (Quelle: http://www.stern.de/gesundheit)
„Doch es gibt noch so etwas wie Gerechtigkeit:
Denn die Eigenschaften, die man an anderen Leuten kritisiert, werden von den Zuhörern unterbewusst auf einen selbst übertragen, schreibt der britische Psychologe Richard Wiseman. (…) Fazit: Lästern ist menschlich und hat seine guten Seiten. Doch wer es übertreibt, wird irgendwann selbst zur Zielscheibe von Klatsch und Tratsch."

Rechtlich hilfreiche Links:

- http://**www.hensche.de**/Rechtsanwalt_Arbeitsrecht_Handbuch_Mobbing_Rechte.html

- http://**www.business-netz.com/**
- Konfliktmanagement/Mobbingopfer-Gegen-Mobbing-wehren

- http://**mobbing-und-burnout.sozialnetz.de**/ca/e/ibg/

- http://**www.strategien-gegen-mobbing.de**/mobbing-beratung-koeln-nrw-02-mobbing-definition.html

Das Ende der Freundschaft

„Falsche Freunde glauben Gerüchten.
Echte Freunde glauben an Dich."
-unbekannt-

Leider, manchmal aber auch zum GLÜCK, werden Freundschaften beendet. Entweder werden sie, wenn sie nicht mehr funktionieren, in der Schwebe gehalten, das heißt mit nur noch einem minimalen Aufwand betrieben oder sie werden klar beendet.

Solche schleichenden Trennungen innerhalb einer engen Freundschaft sind (anders als Trennungen von Sexualpartnern) normalerweise oft gar ohne nachweisbaren Schlusspunkt. Beispielsweise in der Form, dass man den Anderen immer seltener kontaktiert und auch Kontaktgesuche des Anderen schließlich ganz ignoriert.

Dann gibt es natürlich die Trennungen, die mit einem großen Knall beendet werden – entweder für beide Seiten, oder nur für eine Seite einsichtig. Manchmal ist dem Knall ein Streit voraus gegangen, oft aber nur eine diffuses Durcheinander, was auf mangelndes Vertrauen und mangelnde Kommunikation zurückzuführen ist.

Nach einem STREIT ist es für beide Parteien manchmal mit all der Wut, die sich angesammelt hat, leichter eine Trennung zu vollziehen. Man kann sich so richtig in die Wut hineinsteigern und ist „froh, diesen Typ/diese Frau los zu sein"! ☺

Wenn es diffuser und vor allem meistens auch subtiler vonstattengeht, merkt der Andere oft gar nicht, dass es soweit ist. Sehr oft, diese Erfahrung musste ich auch machen, wird dann schon im Hintergrund gegen den Betroffenen gehetzt (und auch gemobbt), Lügen verbreitet – und das alles mit dem Ziel, dass man nach dem Bruch dann schon Mitstreiter auf seiner Seite hat und um den Anderen in möglichst schlechtem Licht dastehen zu lassen. Der Betroffene merkt leider oft erst im Nachhinein, welche Machenschaften sich schon abgespielt haben. Nun beginnt in aller Regel Mobbing und Verleumdung und ein Schlecht-Machen. Wenn jemand ganz übel agiert, wird auch der Name im Netz „durch den Dreck" gezogen, was strafbar ist. Wieder sei als

„Trost" erwähnt, dass Personen, die so agieren ein Problem haben – ein umgreifendes Problem! Aber natürlich sehen sie sich selbst in einem anderen Licht, sie sehen sich als „Betrogene" und ähnlich Diffusem. Der Betroffene steht erst einmal wie ein „begossener Pudel" in all dem Durcheinander da und weiß gar nicht wie ihm geschieht.

Hätte der sich trennende „Freund" seine Bedenken, seine Ängste oder Sorgen im Vorfeld kommuniziert, wäre es soweit nicht gekommen. Oft nutzen dann auch Außenstehende die „Gunst der Stunde", um sich mit dem Mobber zu verbünden....

Ich habe das alles schon erlebt und kann im Nachhinein nur sagen, dass mich jede dieser sehr ungerechtfertigten Attacken sehr stark gemacht hat. Mir tun im Nachhinein nur die viele Zeit und meine gegebene Empathie leid, die ich geopfert habe.

Als Vertrauensbruch empfinde ich allerdings, dass diese Menschen ihnen Anvertrautes bedenkenlos nach dem Bruch weitergeben und gegen mich verwenden. Ein Trauerspiel!

Es gibt auch Menschen, denen ich trotz dieser unwürdigen und ungerechten Attacken (sie haben leider ja niemals nur im Entferntesten das Gespräch gesucht) noch eine gewisse Dankbarkeit für die Zeit entgegenbringe, in der wir uns gut verstanden haben - in der sie mir vielleicht auch etwas beigebracht haben. Ich möchte Menschen nicht als „nur schlecht" in Erinnerung behalten – immerhin waren sie Teil meines Lebens. Ja: ich konnte und durfte lernen. So versuche ich aus jeder noch so traurigen oder ungerechten Situation noch etwas Positives zu ziehen.

Wir sind alle nur Menschen, wir alle machen Fehler, uns passieren aus Versehen Dinge, die im Affekt nun mal passiert sind oder passiert sein könnten. Normaler Weise, wenn eine wirklich enge Bindung bestehen würde, könnte man diese ausbügeln und darüber lachen. Dazu gehört aber Größe und Vertrauen – und leider fehlt das vielen Menschen.

Es macht auch keinen Sinn sich zu fragen, warum einem so etwas passiert. Wie schon weiter oben im Kapitel „Mobbing" beschrieben, hat es oft gar nichts mit einem selbst zu tun, sondern es wurde etwas projiziert.

Punkt.

Feindschaft

Feindschaft, auch als Hass bezeichnet, zeigt eine soziale Beziehung zwischen zwei oder mehr Individuen oder Gruppen auf, die durch die Existenz von Feindbildern gekennzeichnet ist. Die beteiligten Akteure werden als Feinde bezeichnet.

Feinde sind Gegner, aber nicht alle Gegner sind Feinde, das hängt von der Art der Beziehung ab.

Feindschaft kann aufgrund vieler Sachverhalte und Emotionen entstehen. Am häufigsten entsteht Feindschaft wohl aus einer Konkurrenzsituation heraus, die meist gepaart ist mit Neid und Missgunst.

Auch entsteht Feindschaft aus einer asymmetrischen Beziehung oder einer mit negativen Emotionen behafteten Beziehungsgeschichte. Leider ist es so - im Gegensatz zum normalen Gegner - dass ein Feind auch mit **unfairen Mitteln** bekämpft wird, was es für den Betroffenen umso schmerzhafter macht.

Oft liest man, dass sich der Feind nur bekämpfen, nicht aber überzeugen ließe. Darüber lässt sich meiner Meinung nach streiten, aber ganz so unwahr ist dieser Satz sicher nicht. Diese Erfahrung habe ich nämlich leider auch schon machen müssen.

Allerdings halte ich persönlich mehr von friedlichen Lösungen, die aber sicherlich nicht immer (vor allem leider nicht in der Weltpolitik) ausführbar sind. Die Frage, ob man in den demokratischen Rechtsstaaten noch in der Lage ist, die Kategorie „Feind" zu formulieren, ist ebenfalls allgegenwärtig.

Arten von Feindschaften
(https://de.wikipedia.org/wiki/Feindschaft)

- Zur Vorbereitung eines Krieges wird oft die gesamte Streitmacht des Gegners oder gar dessen Volk selbst als Feind klassifiziert. Dadurch wird der Gegner zum Nichtmenschen, zum Unmenschen erklärt, dessen Vernichtung eine gute Tat ist. Beispiel: Wir müssen den Feind angreifen und vernichten.
- Schließlich bedeutet Feind sein auch, ein Gegner von etwas, ja sogar ein Kämpfer gegen etwas zu sein oder eine Sache zu boykottieren. Dies wird deutlich in Sätzen wie: Er ist ein Feind des Alkohols oder Sie ist eine Feindin jeglicher Bevormundung.
- Im übertragenen Sinne bezeichnet "Feind" eine als Bedrohung wahrgenommene natürliche Erscheinung (Diese Krankheit / Seuche ist der größte Feind der Menschheit).

Feindschafts-Beziehung

Weil Feindschaft eine konfliktbehaftete Beziehung zwischen verschiedenen Parteien ist, kommt sie nur zustande, wenn diese auch miteinander zu tun haben. Aus diesem Grund sind sehr oft Nachbarn Feinde. Manchmal werden aus ehemaligen Freunden Feinde oder auch umgekehrt. Auch bei feindlichen Beziehungen gibt es Regeln, die im Normalfall eingehalten werden.

Wenn aufgrund der feindlichen Beziehung keine normale Kommunikation möglich ist, können oftmals zur Verbesserung der Situation Vermittler oder Schlichter eingesetzt werden.

Feindschaft beruht meistens auf Konflikten durch mangelhafte Information (Vertrauensverlust, Furcht vor Angriff, Vorurteile), Ressourcenknappheit (wirtschaftliche und existenzielle Ängste), problematischen psychologischen Beziehungen; auf Eigentumsverhältnissen.

Feinde beschützen einander oft gegen Angriffe Dritter (eines gefährlicheren Feindes) und stellen die feindlichen Beziehungen zumindest zeitweise in den Hintergrund.

Feindliche Beziehungen können im Interesse Dritter liegen, die dann dafür zu sorgen suchen, dass es auch so bleibt.
(https://de.wikipedia.org/wiki/Feindschaft)

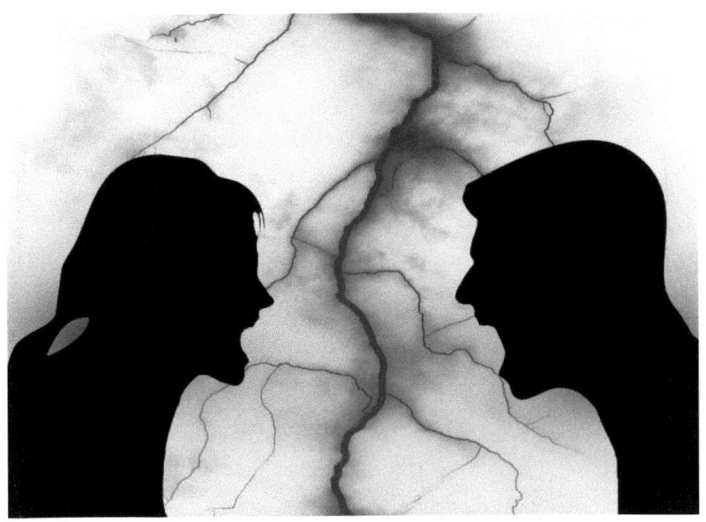

In Bezug auf „Feindschaften", die nach und/oder aus engen Freundschaften entstehen, sind die vorherigen Ausführungen bitter, denn wenn ein Feind immer ein guter Freund war, sind noch viel mehr Emotionen im Spiel und noch dazu ist der Feind auf Grund des hohen Wissens und Informationsstandes über den Betroffenen umso gefährlicher. Wenn hier dann auch noch der beschriebene **Vertrauensbruch** hinzukommt, kämpft der Feind zwar mit **unlauteren Mitteln** – dies ist demjenigen aber egal.
Ich persönlich mag den Ausdruck „Feind" nicht, da er mir so viel Unangenehmes entgegenwirft. Außerdem bin ich auch nicht der Typ, ein „Feind" zu sein. Selbst Menschen, die mich sowohl tief verletzt, als auch betrogen oder mein Vertrauen missbraucht haben, sind für mich keine Feinde, sondern einfach keine Freunde mehr und vor allem keine Menschen mehr, die ich achte oder in meinem Leben haben wollte.

*Das sind unsere giftigsten und
hartnäckigsten Feinde,
die ehemals unsere Freunde waren.*
-Otto Ernst-

„Nur nach dem Baum, der Früchte trägt,
wirft man mit Steinen."
-arabisches Sprichwort-

TEIL 3 Texte

Da ich meine Texte im Zusammenhang mit meiner MS schreibe sind sie natürlich dementsprechend „gefärbt"! Aber sie sind auf jede problematische Situation im Leben übertragbar: auf andere Krankheiten, auf Scheidungen und Vieles mehr, denn es geht im Endeffekt um das Erleben mit Freunden – Freunde halten, Freunde verlieren.

Zusammenfassend möchte ich noch sagen, dass die MS in der Freundschaft mit unseren gemeinsamen Freunden selten eine wirklich große Rolle spielt. Es wird gefragt, wie es mir geht - so, wie ich den Freund ebenfalls frage, wie es ihm geht.
Sie spielt nur dann eine Rolle - muss sie spielen - wenn es um gemeinsame Aktivitäten geht, die ich vielleicht nicht mehr wie ein Gesunder schaffe oder Unterstützung dafür brauche.
Meine wirklich wahren Freunde, die geblieben oder neu hinzugekommen sind, wissen auch, dass sie mich erst einmal ganz normal behandeln sollen und ich dann sage, ob es mir zu viel wird oder nicht. Denn ich möchte nicht das Gefühl haben ausgegrenzt oder wie ein rohes Ei behandelt zu werden. Diese Gratwanderung ist nicht immer einfach und verlangt auch von all meinen Angehörigen einiges ab. Aber auch hier hilft es ganz klar zu kommunizieren und auszudrücken, was einem wichtig ist, was man braucht, was man kann oder nicht kann und wie man das alles gemeinsam hinbekommen könnte. Man darf Freunde auch nicht überfordern und die Gefahr würde in Freundschaften mit chronisch Kranken immer bestehen. Klar brauche ich manchmal Hilfe, aber es gibt auch Tage, an denen ich allein ganz viel schaffe. Und eins möchte ich mir niemals nehmen lassen und dazu tragen meine Freunde einen großen Teil bei: meine Lebensfreude!

*Inspiration – mehr als nur ein Wort

Chronisch Kranke berichten so oft, dass sie wenig verständnisvolle Freunde oder Familienangehörige haben und sie das sehr belastet.

Ich selbst bin ebenfalls schon durch tiefe Täler von Unverständnis gewandert und musste damals hilflos mit anschauen, wie sich langjährige Freundschaften auflösten, weil man mir meine MS-Symptome kaum ansieht und anmerkt - vor allem sieht man mir die schreckliche Fatigue (abnorme Erschöpfbarkeit) nicht an.

Als ich damals plötzlich mit ihr konfrontiert wurde und das in aller Heftigkeit, hat sich mein Leben von jetzt auf gleich VERÄNDERT!

Drastisch verändert!

Ich konnte nicht mehr ungetrübt für Partys zusagen, geschweige denn bis 4 Uhr morgens dort bleiben, musste einige Verabredungen canceln und war einfach nicht mehr die „Alte"!

Das hat manche Freunde verunsichert, manche aber ignorant werden lassen. Die Verunsicherten haben nachgefragt; mit ihnen konnte ich in einen Dialog treten. Mit den Ignoranten verhielt es sich anders: ihnen habe ich immer wieder versucht - erfolglos - zu erklären, wie es mir geht, was Fatigue ist und so weiter!

Bis ich aufgegeben habe und mich von diesen Freunden getrennt habe - wenn sie mich nicht schon längst haben „fallen lassen"! Ein schmerzhafter Prozess, der aber Jahre später seinen Sinn ergibt.

Heute trenne ich mich viel schneller von Menschen, die mir meine Energie RAUBEN, die mir nicht gut tun, oder mich schlicht und ergreifend langweilen. Das hat oft mehr mit MIR zu tun, mit meiner Entwicklung, als mit deren Entwicklung. Wir passen einfach nicht mehr zusammen. Das passiert Gesunden natürlich gleichermaßen.

In einem sehr inspirierenden Telefonat mit einer lieben Freundin haben wir überlegt, warum uns manche Menschen „langweilen", oder noch schlimmer, gar Energie rauben und sind zu dem Schluss gekommen, dass uns bei diesen Leuten die Inspiration fehlt.

Was ist Inspiration aber? „Inspiration ist eine Eingebung, ein unerwarteter Einfall oder einen Ausgangspunkt für z.B. künstlerische Kreativität. Lateinisch bedeutet Inspiration: *inspiratio* ‚Beseelung', ‚Einhauchen', aus *in* ‚hinein' und *spirare* ‚hauchen', ‚atmen'; vgl. *spiritus* ‚Atem`." (https://de.wikipedia.org/wiki/Inspiration)

Im Sinne von „Leben einhauchen" verstehe ich inspirierende Freundschaften.

Mich zum hundertsten Mal über „gemachte Betten und den Haushalt an sich", oder über die Sonderangebote im Discounter zu unterhalten, beseelt mich einfach nicht, haucht mir kein Leben ein.

Dafür kann die andere Person nichts, aber MIR tut dieser Austausch dann nicht gut und ICH allein muss meine Konsequenzen ziehen, um mir mit der nötigen Achtsamkeit zu begegnen und mein ohnehin nicht einfaches Leben nicht noch zu verkomplizieren.

Wenn mich also jemand inspiriert, mir Neues aufzeigt, mich mit Ideen versorgt und/oder mir einfach GUT tut, dann merke ich, dass ich mich wohl fühle und mich vor allem weiter entwickeln kann.

Ich möchte nicht stehen bleiben.

Ich bin mehr als meine MS – ich möchte leben, möchte die Chance auf Neues wahrnehmen und lebendig leben können.

Dafür brauche ich Menschen, die mich inspirieren, mir Impulse geben und mich nicht klein halten. Daraus schöpfe ich dann auch die für mich so notwendige Energie.

Ich möchte jeden Leser ermutigen, sich darüber Gedanken zu machen und auch einmal den Mut zu haben, sich von „falschen Freunden" eventuell „zu distanzieren", mit Achtung sich selbst und dem Anderen gegenüber, aber immer aus Respekt vor UNS SELBST!

Wir brauchen so viel Kraft für unser eigenes Leben, so viel Kraft für ein „normales" Leben und können es uns einfach nicht leisten von Energie beraubt zu werden und hohl und ausgesaugt zurückgelassen zu werden.

So eine Trennung kann ein leises Zurückziehen sein, es muss nicht mit einem Knall beendet werden und es fängt da an, wo uns bewusst wird, was uns gut tut, und was NICHT!

Hallo Inspiration; Hallo MS; Hallo Tanz durchs Leben und Hallo energetisches Leben – ich komme!

*Freunde, Freundschaften und Trennungen

Immer wieder nimmt das Thema „Freundschaft" in meinem Leben einen besonderen Stellenwert ein und verliert sämtliche „Selbstverständlichkeit" und zwar immer dann, wenn ich mich entweder ganz besonders freue oder ich ganz besonders enttäuscht von Freunden bin. OK, es ist immer da, dieses Thema, denn genau das war es auch, was mich zum Schreiben brachte: meine Trauer und Verzweiflung, weil mich manche Freunde nicht verstanden haben, als es mir plötzlich so viel schlechter ging.

Nach meiner Scheidung 2003 erlebte ich schon einmal, dass sich Freunde plötzlich anders verhielten als ich es erwartet hätte. Schon zu dieser Zeit wurde ich in meinem „*Weltanschauungsbild*" getrübt und ich lernte, dass man sich auf gute Freunde oder die, die man dafür hielt, auch nicht mehr wirklich verlassen kann.

Ich stellte das erst einmal **ohne Wertigkeit** fest, aber im Endeffekt schmerzte es.

Nach meiner MS- Erstdiagnose (1994) nahm ich mir viel Zeit um zu überlegen, was ich welchen Freunden wann und wie über meine MS erkläre. Mir ging es ja auch nach außen hin „gut", ich sah immer aus wie das „blühende Leben" und konnte die ersten Jahre auch noch voll am Leben teilhaben, sodass die MS kein Thema im Freundeskreis sein musste. Ich war ja fast noch die „Alte"!

2006 änderte sich dieser Zustand allerdings drastisch, denn die Fatigue (abnorme Erschöpfung und Erschöpfbarkeit) hielt Einzug in unser Leben und mir ging es körperlich und seelisch so schlecht, dass ich teilweise kaum noch *in der Lage war* soziale Kontakte zu halten. Meinem (2.) Mann und mir wurde klar, dass wir gute Freunde spätestens jetzt über meinen Gesundheitszustand aufklären müssen. Und spätestens jetzt trennte sich dann auch die „Spreu vom Weizen".

Da ich ja zu diesem Zeitpunkt noch keine eigenen Bücher herausgebracht hatte, habe ich Texte aus Fachbüchern und Broschüren der DMSG sowie dem Internet kopiert und an unsere Freunde verteilt. Wir haben in Ruhe mit ihnen darüber gesprochen und haben anfangs noch viele positive Erfahrungen gemacht: Emotionen aller Art kamen hervor, aber im Endeffekt immer Anteilnahme und Mitgefühl.

Bis auf wenige Ausnahmen hielt dieses Mitfühlen aber nur so lange an bis sie spürten, dass ich nicht mehr so "funktionierte", wie sie es von mir und uns gewohnt waren.

Beispielsweise war ich durch meine Fatigue nicht mehr in der Lage häufig zu telefonieren oder mich gar mit Freunden zu treffen. Ich war durch meine Arbeit (damals noch nicht verrentet) völlig überlastet, das Mutter-Sein hat mich gefordert und mehr konnte ich einfach nicht leisten!

Und dann kam das, was mich zum Schreiben brachte, weil ich es anders kaum verarbeiten konnte: Sprüche, wie: "Reiße Dich doch mal zusammen!", oder: „Du siehst doch gar nicht krank aus!", musste ich mir anhören. Es gab tatsächlich „gute" Freunde, die den Kontakt abbrachen, beziehungsweise einschliefen ließen, oder sie gaben Kommentare von sich, die so abwertend und so entsetzlich waren, dass man sich fragt, wie ein gebildeter Mensch sich eine derartige Entgleisung leisten kann.

Natürlich weiß ich und verstehe es, dass es für einen Außenstehenden (aber ist ein Freund außenstehend?) schwer zu verstehen ist, wie schlecht es mir geht, wenn ich kerngesund und wie „das blühende Leben" aussehe. Aber was ich nicht begreifen kann, ist, dass diese Freunde trotz intensiver „Aufklärung" immer noch nicht in der Lage waren, unsere neue Situation zu verstehen oder Rücksicht zu nehmen. Zum Glück gab es aber auch einige sehr liebevolle und verständnisvolle Freunde – die bis heute blieben.

Enge Freundschaften sind ein „Beziehungsgeflecht" und das heißt für mich, wenn ich mit einem "Freund" eine gute und nahe Beziehung pflege, dann ist diese auch geprägt von Vertrauen. Und Vertrauen bedeutet in diesem Fall, dass man mir und meiner Aussage vertraut und glaubt!!!

Es kamen schwierige Zeiten auf meinen Mann und mich zu: wir mussten mit meiner sich stetig verschlechternden MS zurechtkommen, ich wurde wochenlang krankgeschrieben, bis es dann im Raum stand, dass ich mich verrenten lassen müsste. Dieser Antrag hebelte einen 4-jährigen sehr unwürdigen Renten-Kampf aus, unter dem wir heute noch leiden. Zudem kamen finanzielle Sorgen hinzu und ich selbst musste mich schließlich mit meinen Beeinträchtigungen auch neu definieren. Wenn dann gute Freunde „abziehen", fehlt schlicht und ergreifend ein Stück Halt, von dem man glaubte, ihn zu haben. Es waren wirklich schwere Zeiten für uns, aber ein Highlight war dann 2007 unsere Hochzeit, die mir zeigte, dass es eine Zukunft und Hoffnung GIBT!

Aber diese Schein-Freundschaften haben mich, da sie mich sowieso allein gelassen hatten, nicht mehr befriedigt und ich stellte fest: ich kann und will sie auch nicht mehr haben!

Durch viele Gespräche mit meinem Mann, mit wirklich guten Freunden und meiner Psychotherapeutin habe ich damals Bilanz gezogen und zwar ganz gemäß der Aussage einer engen und sehr treuen Freundin: "Wer mit Dir befreundet sein möchte, muss das ganze Paket nehmen"!

Ich finde diesen Satz so aussagekräftig, so wahr, so echt!

Im Laufe der Monate und Jahre haben sich mein Mann und ich von diesen Freunden, die uns in unserer jetzigen Situation schlicht und ergreifend nicht gut tun, zurückgezogen: ohne Ärger und große Worte.

Leere Beziehungen füllen uns nicht aus. Wir brauchen beide sehr viel Kraft für unsere eigene MS-Situation. Es wird so viel unnötige Energie durch diese Krankheit verbraucht, dass wir unsere wenige freie Zeit nur noch mit Menschen verbringen möchten, die uns gut tun, die uns verstehen, und zwar so gut und intensiv wie möglich und bei denen ein echter Austausch (!) stattfindet.

Freundschaft sollte ein Geben und Nehmen sein – auch dazu hatten wir keine Chance mehr. Heute bin ich da rigoroser und vor allem lasse ich niemanden mehr an meinem Leben teilhaben, der sich dieses Vertrauen nicht verdient hat.

Das Schöne ist, dass viele gute Freundschaften geblieben und andere neu entstanden sind. Jene pflegen wir mit all unserer Kraft, denn sie sind besonders wertvoll! Diesen Freunden, die immer zu uns stehen und aktiv an unserem Leben teilhaben, danke ich aus vollem Herzen!

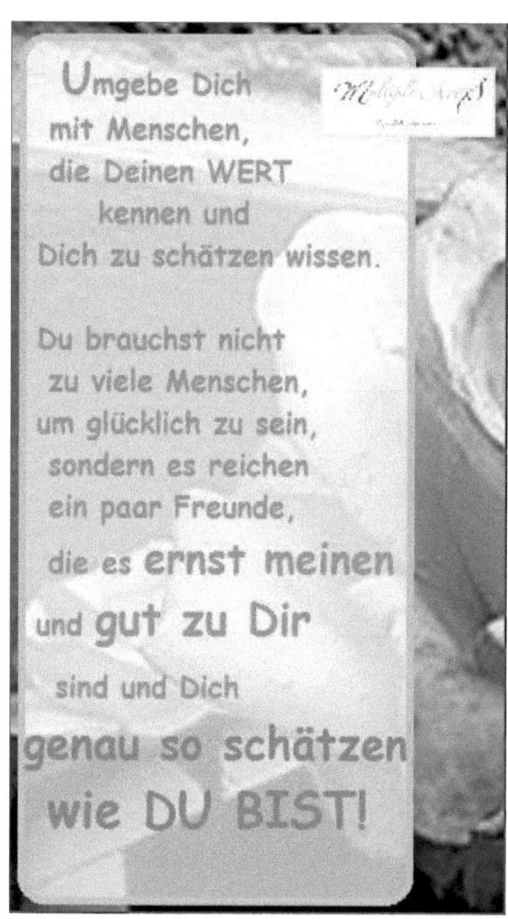

*Seelen-Vampir

Kennt Ihr auch solche Menschen, die Euch aussaugen?
Menschen, die Energie entziehen und man nur hilflos mit zusehen kann, wie es gerade geschieht .... und man es nicht schafft einzugreifen?
Schrecklich!

Bei uns MS`lern glaube ich manchmal, dass Andere denken, wir würden sie mit ihrem Problem besonders gut verstehen, weil wir ja schon „so viel mitgemacht" haben. Das stimmt wohl und ich weiß auch in meinem Fall, dass es mir als (gesundes) Kind schon so ging, dass man mir gerne etwas anvertraut hat. Aber anvertrauen und reden; das ist etwas anderes als „aussaugen"!

Vielleicht lohnt es sich ja nicht, mein Blut auszusaugen: nein, es lohnt sich ganz sicher nicht. Denn selbst meine Organe möchte ja nach meinem Tod niemand mehr eingepflanzt bekommen, weil sie nicht „rein" sind. Verseucht von Medikamenten, zersetzt von Entzündungsherden: unbrauchbar! Wenn also mein Körper an sich nicht zum Aussaugen herhält, dann nehme man die Seele - die Energie ...

HALT, STOPP: das WILL ICH NICHT!
Und doch passiert es immer mal wieder.

Und das Verrückte ist, dass ich es manchmal, in diesen vampirischen Momenten, noch nicht einmal bemerke und mich dann wundere, warum ich plötzlich so extrem erschöpft bin. Oder warum mich das Gespräch mit der Nachbarin so ausgelaugt hat.

Beim kritischen Hinschauen und Hinterfragen kommt es dann an die Oberfläche gekrochen: das letzte bisschen Seele und Energie, das noch fähig zum Kriechen ist ... vermodert erscheint es mir in diesen Momenten und missbraucht.

Um keine Missverständnisse aufkommen zu lassen: ich bin eine begeisterte Zuhörerin, eine aktive Zuhörerin, wie man so schön sagt: ich höre zu, nehme auf und vor allem wahr. Es ist sicher auch meine Passion. Ich liebe gute Gespräche.

Aber, und das ist der Unterschied: **Vampir-Aktionen sind KEINE Gespräche: kein Austausch, keine Geben und Nehmen, keine Kommunikation** (*Kommunikation (lateinisch communicare „mitteilen") ist der Austausch oder die Übertragung von Informationen - https://de.wikipedia.org/wiki/Kommunikation).

Also steht fest: Aussaugen ist nicht kommunizieren! ☺

Seelen-Vampire sind Menschen, denen ihr Gegenüber nicht wichtig (genug) ist, die einfach nur jemanden brauchen, der ihnen zuhört, möglichst noch zustimmt und die keine Rücksicht auf den Zustand oder die Verfassung ihres Opfers nehmen. Ja, Opfer. Denn wenn eine „Unterhaltung" nur einseitig ist, gibt es automatisch ein Opfer! ☺

Ich glaube, solche Situationen sind für mich so besonders schwer auszuhalten, oder im Nachhinein die Folgen (Erschöpfung) zu ertragen, weil ich ja durch meine MS sowieso geschwächt bin. Und zwar körperlich UND energetisch! Wenn dann jemand nur seinen Müll bei mir ablädt, belastet er mich im wahrsten Sinn des Wortes damit und ich fühle mich nicht nur be-lastet - ich bin es dann auch. Durch den übergestülpten Ballast werden meine Beine schwer und taub und es kann passieren, dass mir direkt eine Fatigue-Attacke droht. Das heißt dann auch, dass meine MS-Symptome wieder hervorkommen können. All das kann so ein Vampir-Aussauger verursachen!

Ohne MS würde mich solch ein Verhalten sicher auch erschöpfen, aber anders, nicht so fundamental und völlig aus den „Angeln heben"! Was heißt das also für mich?

> ➢ **Ich muss noch achtsamer mit mir umgehen und lernen, besser für mich zu sorgen und vor allem muss ich lernen mich abzugrenzen.**

Liebevoll, aber klar und deutlich. Nur, weil ich MS habe und gut zuhören kann, bin ich kein vermeintliches Opfer für einen Seelen-Vampir! Meine Seele möchte auch gut behandelt werden und da sie sowieso schon sehr unter den Umständen der MS leidet, werde ich von nun an aufpassen, mehr auf diese zarte Seelenpflanze zu achten. Es ist nämlich meine und ich habe nur die eine! ☺

Und in die Opfer-Rolle (an der man ja nicht „unschuldig" ist) möchte ich mich nicht mehr begeben – das kann ich auch selbst ein wenig steuern! ☺

*Innerer Friede gelingt, wenn die Sprache der Seele verstanden wird

Wie oft verwenden wir im Sprachgebrauch Sätze wie: „Es bricht mir das Herz", oder: „Ich zerplatze vor Wut".

Oft!

Oder auch: „Das liegt mir schwer im Magen"!

Mit der Sprache drückt sich das Zusammenspiel von Körper und Seele aus. Und das meistens ganz unbewusst.

Und wie oft haben wir genau diesen „Klumpen", der schwer im Magen liegt, auch als genau diesen wahrgenommen. Schwer, verknotet, belastend…

Ganz oft liegt uns dieser Stein nicht nur im Magen, sondern er wandert sogar.

Auch die Wissenschaft geht inzwischen davon aus, dass viele Krankheiten seelische Ursachen haben und behauptet: „Heilung gelingt, wenn die Sprache der Seele verstanden wird".

Heilung ist für mich ein weiter Begriff, mit dem man sicherlich vorsichtig umgehen muss. Wenn mir bei MS jemand von „Heilung ist möglich" spricht, reagiere ich oft allergisch.

Nichts desto trotz ist etwas dran an dem Satz, denn in dem Moment, wo wir uns bewusst werden, dass uns etwas auf der Seele lastet, uns etwas im Magen liegt … ist schon der erste Schritt in die richtige, nämlich bewusste Richtung und damit auch in die heilende Richtung getan.

Es ist bei jedem Problem hilfreich, sich des Ursprungs bewusst zu werden. Die Ursache zu erkennen um das Symptom „behandeln" zu können….

Das ist nichts Neues – aber es sich immer wieder bewusst zu machen hilft, es auch im Alltag anwenden zu können und es vor allem selbstverständlicher anwenden zu können. Im besten Fall würde es uns einfach „in Fleisch und Blut" übergehen und somit würden wir nämlich auch SOFORT mit den heilenden Gedanken beginnen.

MS – das kleine Wörtchen, diese 2 erst einmal unbedeutenden Buchstaben, sie zeigen uns auf ihre Art und Weise deutlich, wo UNSERE Grenzen liegen. Auch die Grenzen der Heilung.

Aber auch hier und vielleicht GERADE weil wir solch eine Krankheit mitschleppen müssen, ist es hilfreich, gewisse Symptome sofort „am Schopfe" zu packen.

Denn wenn mir MIT MS etwas schwer im Magen liegt, wandert es oft noch dazu und ungefragt in die Beine – lässt sie bleischwer werden, lahm und steif. Oder dieser Klumpen wandert in die Arme, macht sie kraftlos und taub.

Ganz besonders gerne wandert so ein Kloß auch in den Kopf – lässt uns Schmerzen spüren und/oder Fatigue bekommen.

Wenn uns „der Kragen platzt" und wir wütend sind, kann dies die gleichen Auswirkungen haben – ebenso wie der Stein, der uns auf dem Herzen liegt.

Also ist es sicherlich richtig, wenn wir uns selbst gegenüber achtsam sind und uns in Achtsamkeit schulen, wenn wir mehr auf die innere Stimme hören und unserer Intuition vertrauen.

Da beginnt Heilung – achtsam sein und handeln – der allererste und doch so überaus wertvolle Schritt.

Bleibt und werdet achtsam Euch selbst gegenüber, versucht, den Kloß im Magen zu deuten, streichelt ihn weg…. Wenn Euch die Galle überläuft, geht hinaus an die Luft und atmet tief durch – es hilft ☺

*GESUCHT: Eine seltene Spezies

*„Wahre Freunde sind nicht die Menschen,
die nach Deinem Weg fragen.
Freunde sind die, die ihn einfach mit Dir gehen."*

Es gibt sie!
Tatsächlich!
Es gab Zeiten, da habe ich im Geiste ein „WANTED"-Plakat aufgehängt:
WANTED:
Echte Freunde, die nicht ständig alles hinterfragen, denen meine MS und meine damit verbundenen Befindlichkeiten nicht unangenehm, peinlich oder zu viel sind.

Freunde, die zuhören, ohne gleich Ratschläge zu geben. Freunde, die mitfühlen und doch auch noch sie selbst sind und mich „lassen".

Freunde, die helfen, ohne sich aufzudrängen oder gar übergriffig zu werden.

Freunde, die mit mir Normalität leben und verlässlich sind.

Freunde, die ehrlich sind und wir uns mit gegenseitiger Achtung begegnen können.

Freunde, die auch mich brauchen: als Mensch, als Zuhörerin, als Ratgeberin, als Freund!

Es ist eine sehr seltene Spezies, diese echten und ganz besonderen Freunde, aber es gibt sie und ich danke ihnen und ich bewundere ihren Mut, ihre Kraft, mich immer wieder unermüdlich zu fragen, wie es mir geht!

Ich verschenke mein WANTED-Plakat: Wer möchte es haben? Es hilft!

TEIL 4
Zitate/Sprüche

Schöne Zitate sind immer Balsam für die Seele und als solche dürfen sie verstanden werden. ☺

Sie können sich für jeden Tag ein Zitat vornehmen, sie immer mal wieder durchblättern oder natürlich auch in einem Rutsch lesen.

Ebenso können Sie sich zu jedem Spruch Gedanken machen und überlegen, wie er auf Sie zutrifft. Man könnte ihn auch zum Anfang einer Meditation einbinden.

Sehen Sie diese gesammelten Werke einfach als wohltuende Inspiration. ☺

Ein Leben ohne Freunde ist kein Leben, wie behaglich und gesichert es auch sein mag. Wenn ich Freunde sage, meine ich Freunde. Nicht irgendwer, nicht jeder kann Dein Freund sein. Es muss jemand sein, der Dir so nah ist wie Deine Haut, jemand, der Deinem Leben Farbe, Dramatik, Bedeutung verleiht. Irgendetwas jenseits der Liebe, das dennoch Liebe mit einschließt.
-Henry Miller-

Man sagt, wer sich selbst versteht, begreift alle Menschen. Doch ich sage Euch, wenn jemand die Menschen liebt, lernt er etwas über sich selbst
- Khalil Gibran-

Der Mensch beschäftigt sich leider viel zu oft mit Neid, Missgunst und Hass. Würde er diese Energie in etwas Sinnvolleres einsetzen, könnte er Berge versetzen.
- Stefan Wittlin-

Mensch sein bedeutet Zweifel zu haben und dennoch seinen Weg fortzusetzen.
- Paulo Coelho-

Man darf nicht den Glauben an die Menschheit verlieren. Die Menschheit ist wie ein Ozean; wenn einige Tropfen des Ozeans schmutzig sind, dann wird der Ozean deshalb nicht schmutzig.
- Mahatma Gandhi-

DU
Du bist:
Einzigartig - Unverwechselbar - Du
Schön, dass es Dich gibt!
Glaube an Dich - vertraue Dir.
Nimm Dich selbst an.
Dann bist Du stark,
spürst die Kraft in Dir,
kannst auf andere zugehen
und zu Deinen Schwächen stehen.
- Udo Hahn -

Das Dilemma der Menschheit ist, dass die Idioten so selbstsicher und die Intelligenten so voller Selbstzweifel sind.
- Oscar Wilde-

Freundschaft, das ist eine Seele in zwei Körpern.
- Aristoteles-

Wirklich gute Freunde sind Menschen, die uns ganz genau kennen und trotzdem zu uns halten.
- Marie von Ebner- Eschenbach-

Das Schönste an einer Freundschaft ist nicht die ausgestreckte Hand, das freundliche Lächeln oder der menschliche Kontakt, sondern das erhebende Gefühl, jemanden zu haben, der an einen glaubt und sein Vertrauen schenkt!
-Ralph Waldo Emerson-

Die eigentliche Aufgabe eines Freundes ist, Dir beizustehen, wenn Du im Unrecht bist.
Jedermann ist auf Deiner Seite, wenn Du im Recht bist.
-Mark Twain-

Von „unbekannt":

Manche Menschen blicken Dir tausendmal in die Augen und doch sehen sie Dich niemals wirklich. Bei anderen reicht ein einziger Blick und sie schauen Dir mitten ins Herz.

Bei Freundschaften geht es nicht darum, wer zuerst kam und wer wen am längsten kennt, sondern wer kam und geblieben ist.

Freundschaft muss nicht perfekt sein. Nur echt.

Freundschaft ist, wenn man nicht extra aufräumt, wenn der Andere zu Besuch kommt.

Wir müssen nicht täglich schreiben. Wir sind älter geworden und haben viel zu tun. Aber ich bin für Dich da wenn etwas ist.

Du brauchst im Leben keinen, der Dich auf Händen trägt. Du brauchst jemanden, der Dich nicht fallen lässt.

Ein echter Freund ist jemand, der Dich nicht verändern will, weil er Dich genauso mag wie Du bist.

Wahre Freundschaft bedeutet nicht Unzertrennlichkeit, sondern getrennt sein zu können ohne dass sich etwas ändert.

Die "Schreib mir wenn Du Zuhause bist"- Freunde sind doch die Besten.

Es gibt zwei Arten von Menschen: Bei den einen verlierst Du nur Zeit. Bei den Anderen verlierst Du das Gefühl für die Zeit.

Gute Freunde erkennt man leichter, wenn das Leben schwerer wird.

Freundschaft ist, wenn man stundenlang nur rumsitzt und über Dinge redet, über die man schon tausend Mal geredet hat.

Freundschaft ist ein wundervolles Geschenk im Leben. Denn Freunde bringen Dir Dein Lächeln zurück, wenn Du es verloren hast.

Die richtigen Personen verändern Dich nicht, sie verbessern Dich.

Freundschaft ist wie eine Beziehung. Fehlt das Vertrauen, verliert sie ihren Wert.

Freundschaft ist, wenn man beim ersten Wiedersehen nach langer Zeit das Gefühl hat, sich gerade erst gestern gesehen zu haben.

Wahre Freunde sind nicht die, die Dich direkt hochziehen wollen wenn Du am Boden bist. Wahre Freunde setzen sich einfach dazu.

Ich mag Menschen bei denen ich einfach so bekloppt sein kann wie ich wirklich bin.

Freunde sind die Menschen, die Dich ohne etwas zu tun glücklich machen.

Verbringe Deine Zeit mit Menschen, die Dich glücklich machen. Nicht mit denen, die Du beeindrucken musst, damit sie bei Dir bleiben.

Falsche Freunde glauben Gerüchten. Echte Freunde glauben an Dich.

Wenn Du Dich mit dem richtigen Menschen unterhältst, ist es ganz egal worüber Du mit ihm redest.

Schön, wenn man Menschen findet, deren Kopf den gleichen Innenarchitekten hatte.

BONUS:

WIE arbeite ich eigentlich???

Einblicke in meinen Arbeits-Alltag!

Oft werde ich gefragt, wie ich es schaffe, in recht kurzer Zeit so viele Texte und auch Bücher zu schreiben - deshalb möchte ich hier mal in Ruhe über mein Bloggen und Schreiben berichten und antworten.

Meine Form der MS besteht zu 90% aus Fatigue und enormer Kraftlosigkeit. Wenn ich mich körperlich viel bewegt habe, was mir grundsätzlich gut tut, dann brauche ich danach große und lange Ruhepausen. Seitdem ich keine Basistherapie mehr mache (seit 2,5 Jahren) geht es mir insgesamt deutlich besser, aber die progrediente (schleichende) Form der MS hat auch bei mir nach über 22 Jahren Einzug gehalten und dementsprechend plagen mich auch andere MS-Zipperlein. Laufen ist nur bedingt GUT möglich, Sehen ebenso – manchmal gut, manchmal nicht so gut: das Übliche eben, wie es fast jeder MS`ler kennt.

Da ich also diese vielen Pausen brauche und dabei auch meinen Kopf anlehnen muss (weil ich sonst zu keiner Entspannung finde), mein Geist aber WACH ist und meine Kreativität ebenfalls hellwach ist, mache ich die „Not zur Tugend" und schreibe halbliegend meine Texte. Das geht natürlich nicht mitten im Sturm des Fatigue-Anfalls und auch nicht, wenn meine Arme bleischwer und meine Finger taub sind - aber wenn ich dazu in der Lage bin, schnappe ich mir in dieser Position meinen Laptop und lasse meine Gedanken aus mir herauspurzeln☺.

Synchronizität

Da ich über MS und die dazugehörigen Symptome und Emotionen schreibe, kann es natürlich auch sein, dass bestimmte Ideen von Anderen **zur gleichen Zeit an unterschiedlichen Orten entwickelt**

werden und es somit zu zufälligen Überschneidungen kommen kann. ☺

Ganz nach C.G. Jung und seinem Ausdruck der Synchronizität passiert das rein wissenschaftlich gesehen oft und in Bereichen wie MS natürlich unter all den Postenden und Bloggern erst recht. ☺

„Als Synchronizität bezeichnete der Psychologe Carl Gustav Jung zeitlich korrelierende Ereignisse, die nicht über eine Kausalbeziehung verknüpft sind (die also akausal sind), jedoch als miteinander verbunden, aufeinander bezogen wahrgenommen und gedeutet werden."
(https://de.wikipedia.org/wiki/Synchronizität)

WO kommen meine Ideen her?

Die meisten meiner Ideen entspringen ganz einfach meinen Gefühlen, meinem individuellen Erleben und dem bewussten Hinschauen. Auf Grund meiner fundierten pädagogisch/psychologischen Ausbildung, sowie jahrelanger Psychotherapie habe ich gelernt genau hinzuschauen, Symptome zu erkennen, wahrzunehmen und klar zu benennen. Dann kann ich sie in „Worte" fassen und auch widergeben. Interessanter Weise fällt mir das trotz meiner ständigen Erschöpfung nicht schwer – im Gegenteil: es sprudelt einfach aus mir heraus und ERLEICHTERT mich.

Zum Zweiten lese und recherchiere ich viel und auch dabei kommen mir Ideen oder ich nutze das Recherchierte um Neues zu kreieren. Oder ich wandele etwas ab und wende es auf die MS bezogen an – so entstehen auch viele meiner Grafiken, die ich **allesamt selbst bastele**. Ansonsten, wenn ich die Herkunft kenne und diese gekennzeichnet werden muss, tue ich das selbstverständlich, denn das Copyright ist mir ja auch bei meinen eigenen Sachen wichtig. Des Weiteren gibt es sogenannte „lizenzfreie" Bilder/Grafiken, auf die jeder im Internet Zugriff hat und die sogar **weltweit gleich** sind und sich natürlich in Bereichen wie MS und für das „Ausdruck-Verleihen" eines Symptoms sehr gleichen werden.

Und SO kommt es also nach C.G. Jung vor, dass gleichzeitig im „world wide web" ähnliche Texte oder Grafiken gepostet werden, die sich immer wieder ähneln werden.

Und zum Dritten: ich übersetze nach englisch sprachigen Texten, die ich allerdings immer mit dem Copyright und der Herkunft kennzeichne.

WANN poste ich?

Ich bereite diese Grafiken an Tagen vor, an denen mir dies leicht fällt. Nicht jeder Tag ist gleich und somit kann ich auch nicht auf „Druck" solche Grafiken erstellen. Ich speichere sie auf dem PC und dann poste ich sie irgendwann auf FB. Das wiederum heißt: Mittlerweile poste ich nicht mehr stündlich neue Grafiken, so wie ich das am Anfang auf MULTIPLE ARTS getan habe. Denn da wir mittlerweile eine so große Gemeinschaft geworden sind, ich so viele Mails und Anfragen bekomme, kann ich das zeitlich und kräftemäßig nicht mehr leisten. **Seit circa einem Jahr poste ich also meine Texte und Grafiken VORPLANEND (das heißt im Vorfeld, ich plane sie VOR): FB-Seiten bieten diese Möglichkeiten. Manchmal plane ich bis zu 40 Posts für zig Tage vor.**

WIE platziere ich die Posts?

Deshalb kann es also sein, dass auch andere MS-Seiten ähnliche Posts zeitgleich haben (siehe C.G. Jung), da wir alle aus dem gleichen MS-Topf schöpfen. Außerdem kann es sein, dass ich beispielsweise etwas über Fatigue poste, weil es einfach ein informativer Text/Grafik ist, ich selbst aber in diesem Moment nicht unter Fatigue leide.

Ich verstehe meine Seite mit den vielen tollen Followern mittlerweile so, dass ich über MS, die Symptome und die Gefühlslage eines MS´lers informieren möchte. Betroffene dürfen sich darin wiedererkennen oder auch neue Erkenntnisse erwerben und Angehörigen möchte ich damit die Möglichkeit bieten, uns MS`ler zu verstehen.

Ich versuche die Posts abwechslungsreich zu platzieren und viele lustige Grafiken, sowie schöne Sprüche und natürlich vor allem MS-Info einzubauen. Wie das dann aussieht, entscheidet mein Bauchgefühl während des **VOR**-Planens. (Nicht immer liege ich damit „richtig", aber darum geht es auch im Endeffekt ja nicht). Jeder User hat das Recht auf „Gefallen" oder „Nicht-Gefallen". ☺

Wie lange braucht es, wenn ich etwas schreibe, bis es auf meinem Blog ist?

Auch das ist unterschiedlich. Lange Texte platziere ich zeitgleich auf meinem Blog und meiner FB-Seite. So lässt sich gut nachvollziehen, wann ich es gepostet habe und wenn man einen Text - den man von der FB-Seite her kennt - sucht, kann man ihn gleich auf dem Blog in der Suchfunktion wiederfinden.

Grafiken plane ich ebenso wie Texte vor. Das heißt, sie werden dann von Facebook automatisch zu dem von mir vorbestimmten Zeitpunkt OHNE mein Hinzutun gepostet.

Was tue ich, wenn es Probleme gibt, wie z.B. Mobbing, Hetze oder undisziplinierte Kommentare?

Auch dies kam leider alles schon vor und hier versuche ich mit Geduld und Freundlichkeit zu antworten. Nur ganz selten, wenn es wirklich in Beschimpfungen oder Verleumdungen „ausartet", lösche ich auch einmal etwas.

Kritik ist gut, denn sie bringt mich weiter und ich kann etwas daraus lernen. Beschimpfungen und Anfeindungen oder Lügen toleriere ich nicht.

Wenn gegen einen Follower von Seiten eines anderen Followers gemobbt wird und ich dies mitbekomme, handele ich genauso.

Wie entstehen meine Bücher?

Im Grunde ist es recht einfach: so, wie auch meine Texte entstehen, die ich sammle, so entstehen auch die Kapitel meiner Bücher: ich recherchiere sehr viel, das ist für mich eine überaus beruhigende Tätigkeit (die ich ja ebenfalls im Halbliegen ausübe). Ich lerne dabei Neues und komme bei mir an. Ich kann reflektieren und versuchen das Gelesene auf mich und auch meine Leser zu übertragen. Aus den Sammlungen meiner Texte, aus diesen Recherchen, aus Interviews mit Gleich-Betroffenen und/oder Angehörigen und Gesprächen mit Ärzten entsteht dann eine zum Thema passende Zusammenfassung, die ich so „herrichte", dass sie zum Buch werden kann.

Meine neuesten Bücher lockere ich auch mit den oben genannten Grafiken auf.

Ein Buch zu kreieren, es zu setzen, zu gestalten und zu formen ist für mich reines Vergnügen – es tut mir gut, es ist wie ein „Flow", der mich weiterbringt....

Warum stresst mich das alles nicht?
Für mich ist Schreiben eine Form der Therapie. Ich verarbeite beim Schreiben, beim Bloggen und selbst beim Beantworten der vielen Mails meine MS. Ich lerne hinzu und kann täglich meinen Umgang mit der MS überprüfen, reflektieren und den Umgang damit dann ggfls. neu gestalten.

Außerdem habe ich ganz selten Abgabetermine zu beachten, da dies alles ein Hobby ist. Ich muss nichts, ich kann und darf und das ist ein Geschenk. Ich bin dankbar, für mich solch ein Ventil gefunden zu haben.

Mein Stress:
Der Stress setzt erst dann ein, wenn ein Buch verlegt wird und ich mich mehr nach dem „Außen" orientieren muss, um gewisse Fristen und Verträge einzuhalten. Aber das ist jeweils nur kurzfristig.

Was ich gar nicht mehr schaffe: viele Chats aufrecht zu erhalten. Das stresst mich. Auch wenn ich mich freue, wenn ich Zuschriften bekomme: ich kann nicht andauernd schreiben, reagieren und mich auf ständig Anderes einstellen, zumal es einfach auch von der Masse der Mails zu viel wird. Deshalb kann ich manche Mails auch nicht sofort beantworten. Teilweise brauche ich einige Tage dazu, da so etwas interessanter Weise bei mir eine enorme Reizüberflutung und somit STRESS in Höchstform auslöst.

So hat jeder mit seiner Form der MS zu kämpfen und es ist notwendig, für sich herauszufinden, wie es am ehesten gelingt, seinen Alltag entsprechend zu gestalten. Uns sollte es immer möglichst „gut" gehen.

Malen:
Ich male aus Leidenschaft, auch in im sogenannten „Flow", komme bei mir an und kann mich erden. Was aber sehr interessant ist, ist, dass es Zeiten gibt, in denen ich kaum schreiben mag, dann aber male und umgekehrt. Das lasse ich mein „Bauchgefühl" spontan entscheiden. ☺

Marge der Bücher:
Mit MS-Büchern verdient man sich leider keine goldene Nase. Schade eigentlich. ☺ Es gibt Bücher, an denen verdiene ich maximal 50 Cent BRUTTO pro Buch, an anderen vielleicht einen Euro BRUTTO. Auch wenn sich meine Bücher gut verkaufen, komme ich noch nicht einmal an die von der Rentenversicherung gesetzte monatliche Hinzuverdienstgrenze heran. Des Weiteren spende ich den Erlös teilweise ganz oder hälftig an gemeinnützige Organisationen. Ich schreibe aus Spaß an der Freude, aus Leidenschaft und nicht um Geld zu verdienen. Denn um viel Geld zu verdienen und damit auszukommen, müsste ich mir etwas anderes aussuchen. ☺

> ➢ So, nun habt Ihr mal einen kleinen Überblick über meinen Alltag und mein Schreiben, das wirklich ein „therapeutisches verarbeitendes" Schreiben und Bloggen ist, bekommen. ☺

Wie gesagt, ist dies alles eine reine wohltuende Muße für mich, es soll mir gut tun und im besten Fall anderen Betroffenen helfen. Ich kann jederzeit unterbrechen, mich bewegen, mit meinem Hund kuscheln oder ein Schläfchen machen.

Ich bin vollverrentet und brauche das leider auch – aber ich gestalte mir mein (MS)-Leben so angenehm wie möglich, lasse mich nicht von der MS dominieren, aber integriere sie achtsam und sinnvoll, sowie energiesparend in meinen Alltag.

Ich stelle mich allen Symptomen, benenne sie klar und biete ihnen somit die Stirn. Das ist meine Art mit der MS umzugehen - mit meiner Form meiner individuellen MS. Jeder muss für sich selbst einen Weg finden und niemand kann einem anderen irgendetwas vorschreiben.
©2016 Heike Führ/multiple-arts.com

Die Idee zum Buch

Das Leben spielt manchmal seltsam und ergibt dann doch wieder einen Sinn. Zeitweise zwar erst im Nachhinein, aber immerhin! ☺

Ich hatte im letzten Jahr keine ganz einfache Zeit, da ich wirklich viel mit Hetze, übler Nachrede und Mobbing zu kämpfen hatte. Ich musste teilweise fassungslos mit ansehen, wie Menschen reagieren und Vertrauen brechen. Letzteres hat mich am meisten entsetzt!

Aber es gab in diesem Durcheinander auch Menschen, die HINTER mir gestanden haben und zwar ohne „Wenn und Aber", ohne größeres Nachfragen oder in Frage-Stellen, sondern einfach „SO"! DAS war eine wundervolle sehr heilsame Erfahrung, die ich gleich 2 Mal mit den gleichen Leuten machen durfte.

Ich habe zum Glück enge Freunde und meine Familie die mich auffängt. Außerdem habe ich auch psychologisch gut geschulte Fachleute als gute Freunde, die mir sehr geholfen haben indem sie mir viel zu den Verhaltensweisen solcher gehässiger Menschen erklärt haben.

Dass meine wahren Freunde hinter mir stehen, habe ich sehr erfreut aufgenommen und es ihnen hoch angerechnet. Auch die im „Dankeswort" erwähnte beste Freundin hat, obwohl sie selbst angegriffen wurde, tapfer an meiner Seite gestanden. Ich bewundere sie dafür und durfte somit das erleben, was ich hier als „Freundschaft" zusammengefasst habe – ein Geschenk.

Dass aber etwas Außenstehende (die mich allerdings **persönlich** – also im „echten Leben" - mittlerweile recht gut kennen) ebenfalls so klar hinter mir gestanden haben, das hat mich noch zusätzlich sehr erfreut. Denn obwohl ich diese Zeit erstaunlich gut weggesteckt habe, „macht" es ja irgendetwas mit einem selbst. Doch durch das Zusammenhalten so vieler lieber Menschen um mich herum, die in aller Einfachheit, einfach so…, zu mir standen, habe ich wundervolle „Zuwendung" erfahren dürfen. So etwas ist eine Wohltat und ich habe es diesen Leuten auch mitgeteilt. In der heutigen Zeit, in der es einfach ist, via Internet oder auf anderen Wegen über jemanden „herzufallen", ihn zu hintergehen und dann noch ihn als Schuldigen aussehen zu lassen, ist es für mich etwas sehr Großes, wenn ich spüre, dass jemand so sehr an mich glaubt, dass er nichts von dem was ich erzählt habe in Frage gestellt hat.

Des Weiteren habe ich sehr sehr viele Mails erhalten, in denen mir (zum Teil fremde) Leute zugesichert haben, dass sie hinter mir stehen und das Gehabe der Mobbenden schwer missbilligen.

Solch eine Erfahrung ist heilsam und sie zeigt mir, dass ich auf dem richtigen Weg bin. Mobbing, Hetze und Verleumdung sind fies und sehr Menschen verachtend - deshalb werde ich mich daran auch weder beteiligen, noch zum „Gegenschlag" ausholen. Ich möchte meine Kraft nutzen um mit meiner MS klarzukommen und um meine Energie den schönen Dingen im Leben zu widmen. Und ich habe gelernt, dass man sehr genau hinter die Fassaden schauen muss und niemals gleich jemanden verurteilen sollte. Dies gilt für mich nun mehr denn je!

Durch all diese Erfahrungen und vor allem auf Grund dieser sehr auffällig positiven Zuwendungen kam mir erneut die Idee ein Buch über Freundschaften zu schreiben. Auf Grund meiner psychologisch-pädagogischen Ausbildung ist es sowieso schon lange ein Steckenpferd von mir und als grober Entwurf stand es schon lange. Als „Seiten-Betreiberin" auf Facebook und als Bloggerin habe ich so viele liebevolle Kontakte und auch Statements zu diesem Thema von diesen vielen wunderbaren Menschen bekommen, dass ich neben den Recherchen eigentlich nur alles zusammenfassen musste. ☺

Es ist so wichtig, dass wir uns auch nach schlechten Erfahrungen wieder auf neue Freundschaften einlassen – vielleicht vorsichtiger, aber wir Menschen als soziale Wesen brauchen Bindungen. Auch dafür sind Facebook mit beispielsweise seinen Gruppen, oder auch entsprechende Blogs, etwas Besonders und durchaus ein sinnvolles Medium um Kontakte zu knüpfen, um gemeinsame Interessen zu verfolgen und so weiter. Vorsicht ist immer geboten, aber ohne den Mut würde man sich auch viele Chancen verbauen. Volkshochschulkurse, Vereine, Selbsthilfegruppen, Kreativ-Kurse und Vieles mehr können ebenfalls sinnvolle Kontakt-Möglichkeiten sein.

Außerdem sollte man niemals den Gang zum Psychotherapeuten scheuen, wenn man merkt, dass irgendetwas im Leben so belastend ist, dass man kaum noch alleine damit zurechtkommt.

Freundschaften können wundervoll sein, sie können auch ein toller Gegenpol zum Alltag, zur Partnerschaft oder zur Arbeit sein. Mal keine Rolle spielen zu müssen, sondern sich geben zu können, wie man ist und sich somit viel Entspannung zu verschaffen – all das kann Freundschaft sein. Immer in gegenseitiger Achtung, respektvoll, nicht bedrängend und erdrückend, sondern autonom auf Augenhöhe in tiefer Zuneigung.

Wenn also aus guten und schlechten Erfahrungen in guten und schlechten Zeiten Ideen herauskommen, ist das gelebte Kreativität. ☺ Und tut noch dazu gut.

Jedes Buch, das ich schreibe, hilft mir beim Verarbeiten eines Themas – das ist für mich das Wunderbare: Ich lerne dabei, kann üben und schreibe das alles auf…

Manchmal beflügelt uns das Unvorhergesehene und scheinbar im Schatten Liegende zu neuen Taten! ☺

Außerdem wird mir beim Schreiben so Vieles bewusst – zum Beispiel, dass ich das große Glück habe, wundervolle Freundschaften zu haben: im realen Leben und auch auf Facebook.

GAST-BEITRAG

Von Melanie und Gaby Hartmann

Huch... war das eine Überraschung, als Heike uns fragte: Könnt Ihr einen Gastbeitrag über das Thema „Freundschaft" für mein Buch schreiben? Also machten wir zwei uns an die Arbeit - was tut man nicht alles für Freunde! ☺

Wir überlegten: Was bedeutet Freundschaft? Für was ist Freundschaft da? Wie wirkt sich Freundschaft aus?

Bei diesen Überlegungen stießen wir auf ein für uns zutreffendes Zitat von Balthasar Gracian y Morales:

„Freundschaft ist eine Tür zwischen zwei Menschen. Sie kann manchmal knarren, sie kann klemmen, aber sie ist nie verschlossen".

Freundschaft ist etwas ganz Wichtiges und Kostbares. Mit diesem Satz meinen wir ECHTE Freunde, keine Facebook-Freunde oder Bekanntschaften. Damit meinen wir Freunde, die sowohl in guten als auch schlechten Zeiten für einen da sind, die einen unterstützen, einem zuhören, einem Halt und auch Tipps geben. Ein Freund, der es ehrlich meint. Und erst in solchen Notsituationen erkennt man, wer ein echter Freund ist, auf wen man sich verlassen kann, wenn es wirklich mal drauf ankommt - sei es Tag oder Nacht. ECHTE Freunde wissen ohne Worte was zu tun ist und wie man helfen kann, ohne groß Fragen zu stellen. Doch meist stellt sich heraus, dass es genau solche Freunde doch sehr selten gibt.

Voraussetzung einer Freundschaft ist die gleiche Wellenlänge untereinander, aber genauso Sympathie, Vertrauen und auch Offenheit. Was nützt mir sonst eine Freundschaft, in der es kein Vertrauen, keine Sympathie oder Offenheit gibt? In einer Freundschaft sollte man sich nicht verstellen, nicht vorher überlegen müssen: was erzähle ich meinem Gegenüber...? Ganz wichtig ist es, sich für eine Freundschaft Zeit zu nehmen, sowohl bei einem langsamen Entstehen als auch im Alltag.

FREUNDSCHAFT ist ein KOSTBARER SCHATZ, der aber auch gepflegt werden will/ muss.

Da wir gerade bei der „langsamen Entstehung einer Freundschaft" sind, wollen wir von der Entwicklung unserer Freundschaft mit Heike erzählen: Wir haben Heike das erste Mal in der Hundeschule bei der so genannten Spielstunde getroffen (dort dürfen die Hunde 45 Minuten lang miteinander toben). Da man sich nicht kannte, fing es erstmal mit dem Blickkontakt an. Wenn sich die Blicke getroffen haben, kam ein Nicken oder ein freundliches Lächeln. Langsam sind wir dann immer mehr ein Stück auf einander zugegangen; aus dem anfänglichen Blickkontakt wurde dann Smalltalk. Nachdem wir uns langsam „beschnuppert" haben, wurden die Gespräche länger, persönlicher und der Umgang immer herzlicher. Mittlerweile haben wir eine wirklich tolle Freundschaft entwickelt; eine Freundschaft, die von Herzen kommt und ehrlich gemeint ist.

Aber Freundschaft gibt es nicht nur unter Menschen sondern auch unter Tieren. Schön ist es für uns zu beobachten, wie es zum Beispiel auch bei Hunden zu einer Freundschaft kommt. So haben wir es zwischen unseren Hunden (Ben und Basco) und Heikes Hund (Smiley) gesehen. Zwischen den Dreien ist im Laufe der Zeit eine richtig schöne Hunde-Freundschaft entstanden. Immer wenn Smiley, Ben und Basco auf dem Übungsplatz der Hundeschule (bei der Spielstunde) zusammen toben, schmiegen sie sich aneinander, busseln sich ab und zeigen einfach: „Wir drei sind super Freunde geworden!". Dies überträgt gleichzeitig eine positive Energie auf die Hundehalter. Außerdem zeigt es, dass sich „echte Hundefreundschaft" ohne Hintergedanken entwickelt - so wie es ja oft bei uns Menschen vorkommt.

Freundschaften sind in allen Lebensabschnitten wichtig, meist werden die ersten „Freundschaften" im Kindergarten geschlossen. Natürlich stehen diese unter anderen Voraussetzungen. Es gibt heute nur noch vereinzelnd Kindergartenfreundschaften, die heute noch bestehen. Bei der Kindergartenfreundschaft stehen der Spaß und die eigenen Interessen mehr im Vordergrund. Aber genau dies ist eine wichtige Grundlage für das Entwickeln weiterer Freundschaften.

Zusammenfassend kann man sagen, dass FREUNDSCHAFT in unserer heutigen schnelllebigen und oberflächlichen Gesellschaft wichtiger denn je ist.

SCHLUSS-Gedanken

*„Freundschaft ist eigentlich
nur ein kleines Wort,
doch von großer Bedeutung,
wenn es ernst genommen wird!"*

Liebe Leser,

sicherlich konnte ich mit diesem Buch nicht direkt Freundschaften kitten - vielleicht aber indirekt, weil Sie dieses Buch weiterverschenkt haben, oder weil ich Ihnen durch die Hintergrundinformationen etwas „Durchblick" verschaffen konnte. Wenn man Handlungen von Anderen begreifen kann (weil man fähig ist, sie zu analysieren), ist es möglich, der Situation die Schärfe zu nehmen. Ich wünsche mir, dass ich dazu beitragen konnte.

Ebenso kann es sein, dass Sie sich auf Grund des Buches besser von jemandem distanzieren konnten, der Ihnen nicht gut tut.

Wenn Sie sich nun ganz sicher sind, dass Ihr Freund/ Ihre beste Freundin genau die/der Richtige für Sie ist, dann haben wir gemeinsam etwas geschafft! ☺

Vielleicht ist es auch einfach nur ein hilfreicher kleiner Ratgeber, den Sie immer Mal wieder durchblättern oder bei Problemen zur Hand nehmen möchten.

Mit den vielen Grafiken möchte ich etwas Leichtigkeit und auch Genuss hineinbringen: Genuss beim Lesen und Anschauen und somit noch mehr Sinne anregen.

Als Fazit kann ich eigentlich auch nur sagen, dass offensichtlich sowohl Trennungen als auch lebenslange Beziehungen zum Leben dazu gehören. Liebe und Zuneigung bestimmten den positiven Verlauf. Neid, Missgunst und andere negativ behaftete Emotionen bestimmen den schmerzlichen Verlauf einer jeden Beziehung.

Wahre Freundschaft, die vielleicht selbstverständlich erscheint, ist aber mehr als ein fröhliches Beisammensein. Die ernsthafte und wahre Freundschaft in Zuneigung und gegenseitiger Wertschätzung, verbunden mit großem Vertrauen (das auch nach einer eventuellen Trennung NICHT gebrochen wird!), ist und bleibt etwas besonders Wertvolles – ein Geschenk, das man als dieses betrachten darf und ihm somit die wichtige Wertschätzung und Achtung entgegenbringt.

Es scheint der Lauf der Zeit zu sein, dass es in guten und in schlechten Zeiten ein Zusammenhalten geben kann, ebenso aber auch das Auseinanderleben. Wenn wir lernen dies zu akzeptieren, wird es uns weniger belasten.

Fragt man reife Menschen, die ein gewisses Lebensalter erreicht haben, stößt man immer wieder auf die Aussagen, dass es „einfach so ist!". Jeder hat im Laufe seines Lebens zahlreiche prägende Erfahrungen gemacht – motivierende oder zur Vorsicht ermahnende.

Vielleicht dürfen wir auch für **kurze** herzliche Freundschaften dankbar sein – WEIL wir sie erleben konnten. Vielleicht ist es so, dass manche Menschen auch bewusst nur für kurze Zeit in unser Leben treten… und andere Menschen dazu gedacht sind, uns über einen langen Zeitraum zu begleiten…

LOSLASSEN ist hier das Schlüsselwort – auch wenn es nicht immer einfach ist.

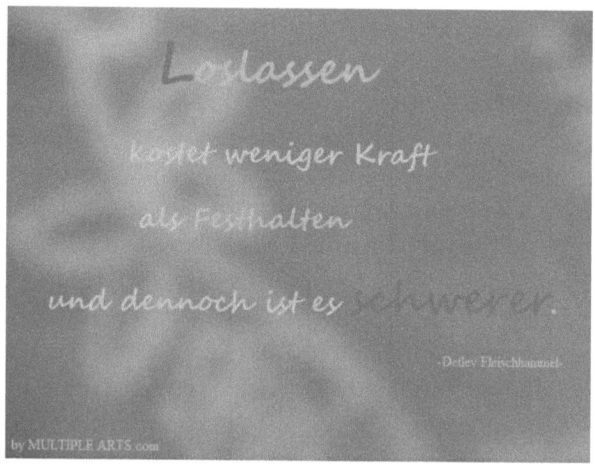

Deutlich trauriger sind jene Freundschaften, die mutwillig oder aus Neid und Missgunst beendet wurden. Hier hat der Betrogene meistens noch dazu mit dem Unverständnis, der Verzweiflung und/oder auch Wut zu kämpfen und muss diese Situation erst einmal heil überstehen. Auf diese Erfahrungen kann sicher jeder gut verzichten – aber glaubt man erfahrenen Menschen, gehört auch das wohl einfach zum Leben dazu. Wichtig ist, dass man aus all den gemachten Erfahrungen lernt und seine Schlüsse/Konsequenzen zieht. Sich ewig zu grämen nutzt hier nicht viel, denn das Leben hat noch so viel mehr zu bieten und vielleicht wartet ja an der „nächsten Ecke" wieder eine neue wundervolle Beziehungs-Chance! ☺

Ich habe das Glück viele sehr langjährige, zum Teil sogar aus der Kindheit/Jugend stammende Freundschaften, erleben zu dürfen. Das für einander Da-Sein in Respekt, Achtung und „Ge-LASSEN-heit" prägen diese anhaltenden Beziehungen. Wir haben so viel miteinander erlebt, am Leben des Anderen teilgenommen, zusammen durchgestanden und auch rauschende Feste und glückliche Momente gemeinsam gefeiert und zelebriert, dass diese Bande etwas ganz Besonderes sind. Sie sind vor allem geprägt durch Vertrauen – und dieses Vertrauen hält auch eventuellen Stürmen stand.

Auch neue tiefe Freundschaften durfte/darf ich erleben, die - gegründet auf der Erwachsenenebene - auch ganz besondere Qualitäten haben. Nähe und Achtsamkeit mit der nötigen Distanz und dem besagten Vertrauen – das sind hier die Grundbausteine, auf denen sie aufgebaut sind. Ein festes Fundament, das selbst, wenn es einmal Risse bekommen sollte, noch standhält. Zu solchen Beziehungen gehören aber immer 2 Seiten und man muss sich unbewusst einig sein, dass man das Gleiche möchte. Man muss einander verzeihen können, mal über einen Faux Pas lachen können und vor allem muss man eins: den Anderen in seiner Ganzheit wahr- und ernstnehmen. Dann nämlich kann man sich eventuell auch Eigenheiten erklären und schmunzelnd über sie hinwegsehen. Ich bin sehr dankbar, dass ich solche Erfahrungen machen kann, dass ich zuverlässige Menschen an meiner Seite habe, die mich nicht verlassen, weil mal „irgendwas gerade nicht läuft"! Dieses Wissen ist – ähnlich wie in einer festen Partnerschaft – einer der Eckpfeiler. Auch in einer Ehe trennt man sich nicht gleich wenn es einmal Streit oder auch Enttäuschungen gibt. DAS nämlich macht gute Beziehungen/Freundschaften aus. Dazu müssen aber allerdings wirklich beide Seiten bereit sein, was wiederum eine gewisse Größe und Zuneigung, sowie das erwähnte Grund-Vertrauen voraussetzt.

Auch wundervolle virtuelle Freundschaften konnte ich schließen, die gut tun, die befreien und mir zeigen, dass es auch im „Netz" möglich ist, enge Bindungen auf Augenhöhe zu bilden. Mein Ziel ist es hierbei allerdings immer, sich dann doch auch einmal persönlich kennenzulernen und zu treffen - sich in „echt" umarmen zu können. ☺

Manchmal ist Freundschaft auch „Arbeit" - Beziehungsarbeit - und kann schmerzen. Mir ist es aber immer dann wichtig um eine Beziehung zu kämpfen, wenn sie es WERT ist, wenn sie aus tiefer Zuneigung entspringt und beiden Seiten enorm viel gibt.

Und eins noch ist mir zum Schluss wichtig: Ich bin auch nur ein Mensch! ☺ In manchen Situationen fehlen mir schlicht und ergreifend die Worte oder die Voraussetzungen, direkt das notwendige Gespräch zu suchen. Ich bin auch nur ein Lernender, ein Übender und einer, der aus Versehen „Mist" baut... und auch schon in so manches Fettnäpfchen getreten, oder gar hineingefallen ist! ☺ Niemand ist perfekt – NIEMAND! Auch das sollte man sich bei einem Zwist oder Unklarheiten im Beziehungsgeflecht immer wieder deutlich machen! Solange kein „Vorsatz" das Handeln bestimmt, kann es jedem einmal passieren, dass ihm ein Fehler unterläuft – auch das gehört zum Leben. Seien wir als gnädig mit uns und unserem Gegenüber! ☺ Das Leben ist eine einzige Erfahrung und ein wundervolles Übungsfeld! ☺

Ich wünsche Ihnen gute und feste Beziehungen, die Sie glücklich machen, die Ihnen gut tun und Sie inspirieren!

DANKE

DANKE ist auch ein großes Wort und ich habe beim Recherchieren und Schreiben des Buches immer wieder gespürt, wie dankbar ich bin. Dankbar, dass es mir noch so „gut" geht und dankbar für wundervolle Freunde und beste Freundinnen. ☺

Dankbar für die Art und Weise wie mich mein Mann kreativ beflügelt und mir Mut macht.

Dankbar meiner Mama für soooo viel Unterstützung, ohne die ich mein Leben definitiv nicht so leben könnte.

Dankbar für 2 wundervolle Kinder samt tollen Partnern und ihrer Art mit meinen Beeinträchtigungen umzugehen, sowie dankbar für meinen Seelenhund Smiley, der mir auch täglich zeigt, wie Freundschaft funktioniert: wertfrei und vergebend, nicht nachtragend und wenn einmal ein „Kampf" stattfindet, ist er danach auch gleich erledigt und alles ist geklärt - und das was er mir zeigt, prägt auch mich nachhaltig. ☺ Hunde sind, was den Frieden anbelangt, die besseren „Menschen".

Danke an meinen Bruder und Familie – Ihr wisst warum. ☺

Ein **besonderes Dankeschön** an Gaby und Melanie Hartmann, die sich bereit erklärt haben einen Gast-Beitrag zu schreiben. Zu beiden verbindet mich eine mittlerweile sehr innige Freundschaft und ich bin dankbar, sie kennengelernt zu haben. Ihr bereichert dieses Buch, denn es ist für die Leser immer schön, sich selbst in einer nochmals anderen Perspektive wiederfinden zu können und es verwundert mich nicht, dass wir solch ähnliche Ansichten haben – Ihr kanntet ja den Inhalt des Buches vorher nicht!

Und nochmal gesondert **DANKE** an eine meiner besten Freundinnen Anja, die mir näher als viele andere täglich zur Seite steht, mit mir schimpft und lacht, mit mir kichert und ausrastet, mit mir weint und lacht und noch dazu meine Muse und Kritikerin, sowie „Motivatorin" für alle Bücher und Texte ist, da sie sie als Erste zu Lesen bekommt. Durch sie habe ich wieder lernen dürfen, dass es Menschen gibt, die ohne „Wenn und Aber" hinter mir stehen, FÜR mich einstehen und kämpfen, mich verteidigen: Eine besondere und wundervolle Erfahrung!

Danke an das Leben, dass es so viel Positives und Licht - bei einigen Schattenseiten - für mich bereithält.

Danke an all meine Leser und Follower meines Blogs und der Facebook-Seite MULTIPLE ARTS: Ohne Euch wäre meine Seele ärmer und es sind daraus tatsächlich viele echte Freundschaften entstanden!

Danke an meine guten und wahren Freundinnen und Freunde – Ihr seid GOLD WERT! ☺

„Von allen Geschenken,
die uns eine weise Voraussicht gewähren,
um das Leben völlig beglückend zu gestalten,
ist Freundschaft das Schönste."
–Epikur–

LINKS und Quellennachweise

http://www.multiple-arts.com
http://www.wikipedia.de
http://www.spektrum.de
http://www.zeitblueten.com
http://www.gluecksarchiv.de
http://www.psychotipps.com/
http://www.lebenshilfe-abc.de
http://www.andre-schuchardt.de
http://www.pixabay.com

Eine Pressemitteilung zum Thema Freundschaften:

http://www.news4press.com/Meldung_804529.html

Freundschaft wird heutzutage viel zu oft als etwas Selbstverständliches angesehen; wie großzügig wird manchmal formuliert: „MEIN Freund"!!! Dabei ist Freundschaft alles andere als selbstverständlich, sondern ein sehr seltenes Gut, das auch nur noch selten wahrhaftig praktiziert wird. Wenn man einen wirklich guten Freund hat, dann kann man sich sehr glücklich schätzen.

Aber was genau ist Freundschaft? Die Definition könnte sein, dass Freundschaft ein auf gegenseitiger Zuneigung beruhendes Verhältnis zwischen mindestens 2 Menschen ist, das sich durch aufrichtiges Vertrauen und große Sympathie kennzeichnet. Wenn man zu einer Person eine solche Beziehung hat, kann man Denjenigen als FREUND bezeichnen.

Und fälschlicher Weise bezeichnen viele Menschen auch Jene als Freund, die sie kaum kennen, sich aber vielleicht bereichern wollen – durch und mit dieser Person.

Wenn sich jedoch Freundschaft durch echtes Vertrauen auszeichnet, muss dieses Vertrauen Raum und Zeit haben, um zu wachsen, sich zu stabilisieren und um sich in der Seele des jeweiligen Partners verfestigen zu können.

Dies kann zwar auch virtuell möglich sein (entgegen vieler Negativberichte über virtuelle Freundschaften), aber man muss diesem Vertrauen die ihm gebührende „Frist" geben. Man muss geschehen lassen und somit die zarte Pflanze „Freundschaft" sich erden und verwurzeln lassen.

Schon Aristoteles betonte drei Motive, um derentwillen Menschen Freundschaften eingehen: Freundschaft um des Wesens Willen, des Nutzens Willen und der Lust Willen. Freundschaft ist für ihn eine eigenständige Sozialbeziehung, die in der Gemeinschaft höchst notwendig und nicht mit anderen Bindungen identisch ist. (https://de.wikipedia.org/wiki/Freundschaft)

Am Liebsten hat man selbst natürlich Freunde, die sich unseres Wesens wegen mit uns befreunden; einem Zufall gleich – man lernt sich kennen und lieben, oder man kennt sich von Kindesbeinen an und hatte schon eine lange gemeinsame „Lauffrist", ein gutes Übungsfeld in der Kindheit und Pubertät. Schön ist es, wenn Freunde ein geistiges Band verbindet, ein Gleichklang, der verschiedene Meinungen und Ansichten nicht ausschließt.

Im besten Fall kann man Freundschaft wählen – meistens kann man sich seine Freunde aussuchen; sich von ihnen zu trennen ist aber verhältnismäßig schwieriger. Die Tiefe und der Umfang des gegenseitigen Vertrauens hängen von dem ab, was man preisgeben will. Und unter normal Sozialisierten ist diese Grenze in der Freundschaft auch bekannt und der Andere wird sie nicht einfach überschreiten.

Dass es auch völlig andere und falsche Freundschaften gibt, ist leider hinlänglich bekannt.

Aber heute geht es um Freundschaft, die bereichert:

Im Falle von Heike Führ spielten Freundschaften schon immer eine besondere Rolle.

Zum einen sind ihr Freundschaften seit jeher enorm wichtig und seit sie mit der Diagnose Multiple Sklerose (MS) konfrontiert wurde, spielen sie in ihrem Leben eine nochmals größere und vor allem wichtigere tiefgreifendere Rolle.

Wenn Freundschaften somit eine besondere Bewährungsprobe erleben (müssen), trennt sich auch die sogenannte „Spreu vom Weizen": es zeigt sich in solchen Ausnahmesituationen, wer ein ECHTER Freund ist, wer zu dem Betroffenen hält, hinter ihm steht und gemeinsam mit an packt. Anpacken; das Leben anpacken und zwar das NEUE Leben: denn nach solch einer Diagnosestellung ist nichts mehr, wie es war. Alles verändert sich von einem auf den anderen Tag und auch die Person und ihre engsten Angehörigen, verändern sich zwangsläufig, wenn eine solche Krankheit tiefgreifend in das Leben einfällt. Veränderungen äußerlicher Art, wie Medikamente, Spritzen, die plötzlich genommen werden müssen, Hilfsmittel, wie z.B. ein Rollator, der im Leben einen Platz einnimmt - sogar räumlich nimmt er einen Platz in der Wohnung ein: demonstrativ, anwesend und nimmt deutlich Platz weg – so, wie diese Krankheit Vieles wegnimmt. Umso wundervoller, wenn sich Freundschaften verfestigen, ihren Platz behalten und vielleicht sogar noch mehr Raum einnehmen dürfen.

Heike Führ hat seit 1994 alle Höhen und Tiefen, alle Freuden und Verluste von Freundschaften erlebt. Immer und immer wieder. Teilweise waren es sehr schmerzvolle Erfahrungen, die Spuren hinterlassen haben, aber es sind auch sehr viele wertvolle und wunderschöne Erfahrungen von Vertrauen, Zuwendung, Liebe und Standhaftigkeit dabei, von selbstloser Hilfe, Anteilnahme – also aufrichtiger Freundschaft. Und diese Freundschaften tragen weit – einen Gesunden ebenso, wie einen chronisch Kranken. Der Kranke wird nur nie wieder eine Freundschaft als etwas Selbstverständliches sehen. Er ist sich bewusst, dass Geben und Nehmen im Falle von gesundheitlicher Bedürftigkeit eine besondere Rolle spielt.

Heike Führ ist glücklich und dankbar, dass es solche Freundschaften in ihrem Leben gibt und dass sich auch immer wieder Chancen auf neue gute und enge Freundschaften erschließen.

In ihrem Blog www.multiple-arts.com hat sie viele Texte über Freundschaften geschrieben. Über gute und über vergangene, über Verständnis und über Unverständnis und ihren Umgang damit. (http://multiple-arts.com/ehemalige-freunde/)

Wer mit einer schweren und unheilbaren, vor allem unkalkulierbaren Krankheit leben muss, der stellt neue Prioritäten in seinem Leben auf, oder muss sie gar stellen. Freundschaften stehen ganz oben auf der Liste der guten Dinge für Heike Führ und Dankbarkeit, dass es in unserem schnellen und hektischen Leben immer noch die wahre Freundschaft gibt.

Die Bücher der Autorin:

HALLO MS

"MS: 2 Buchstaben, die eine vermeintlich geordnete Welt von heute auf morgen auf den Kopf stellen". So beschreibt Heike Führ den Tag ihrer Diagnosestellung. Wie sie ihren Alltag mit einer solch tückischen und bis lang noch unheilbaren Krankheit meistert, beschreibt sie vor allem mit viel Humor und reflektiert in einer gelungenen Mischung aus Problematisierung und Relativierung. Nie werden die Herausforderungen der Krankheit geleugnet und doch triumphiert immer ihr optimistischer Kampfgeist und zeigt eindrucksvoll und selbstkritisch ihren eigenen Weg der Lebensfreude. Die Autorin weigert sich zu resignieren und erzählt ihre kleinen Alltagsfreuden, gespickt mit den Unwägbarkeiten, die durch ihre MS-Symptome unweigerlich dabei sind. "Hallo MS": nicht mehr, nicht weniger. Ein Buch, das Mut macht und Hoffnung weckt, das Anteilnahme authentisch vermittelt, Hilfestellung für den Alltag gibt und sowohl Betroffenen, als auch Angehörigen einen Einblick in die emotionale Verfassung eines chronisch kranken Menschen bietet, Ängste und Sorgen aufzeigt, aber dabei immer nach vorne schaut und niemals vor Selbstmitleid trieft. Kurzweilig und sehr alltagsnah - somit für Jedermann interessant.
Rosengarten-Verlag
242 Seiten, ISBN: 978-3-945015-07-0
19,90 Euro

Bewältigung chronischer Krankheiten und Depressionen
Für Angehörige und Betroffene

BEWÄLTIGUNG einer chronischen Erkrankung, Bewältigung von Depressionen und der Umgang mit diesen: das ist das Thema des Buches. Die Autorin, selbst an MS erkrankt, nutzt ihre Erfahrung als erfolgreiche Bloggerin und den damit verbundenen vielfältigen Kontakten zu chronisch Kranken und bereichert das Buch mit fachlichen Informationen rund um Depressionen, über das Erschöpfungssyndrom (Fatigue), das auch bei vielen Krebspatienten auftritt und über chronische Krankheiten im Allgemeinen.

Sie zeigt Bewältigungsstrategien auf und untermauert diese mit wertvollen pädagogischen Erklärungen und vermittelt somit nicht nur Bewältigungsstrategien für schwer Erkrankte, sondern auch für das Leben an sich!

Ein besonderes Augenmerk liegt auf den Angehörigen chronisch Kranker – ihnen ist ein komplettes Kapitel gewidmet, denn die Erkrankung betrifft auch immer das soziale Umfeld des Betroffenen.

Ein Ratgeber für den Weg zu einem erfüllten Leben, untermalt mit vielen farbigen Fotos und Sprüchen.

Buchdaten:
Heike Führ
Bewältigung chronischer Krankheiten und Depressionen / Für Angehörige und betroffene
Verlag: BoD
ISBN 9783739245331
228 (23 farbige) Seiten
12,99€

Der Tanz durchs Leben
-Autorin von „HALLO Ms"

Wie bereits in ihren acht anderen MS-Büchern entführt uns die mittlerweile sehr routinierte und erfahrene Autorin und Bloggerin Heike Führ in ein Leben mit MS – Es ist ein abwechslungsreicher Tanz durchs Leben. Sie zeigt wieder einmal mit viel Optimismus, voller Lebensfreude und Tatendrang auf, dass sich das klare und kritische Benennen der MS-Symptome lohnt, da man sich ihnen damit stellt und sie zu bewältigen lernt. Ein klarer Weg der Lebensfreude, gepaart mit Lebendigkeit und der Weigerung aufzugeben. Ein sehr lebenbejahendes Buch, das außerdem noch mit vielen fachlichen Infos aufwartet. Emotionen, Tipps, und ein JA zum Leben – ein Buch auch für Angehörige, da es deutlich erklärt, wie ein chronisch Kranker fühlt und dies alles wertfrei und liebevoll. Ebenso geht die Autorin auf die Sichtweise von Angehörigen ein und widmet den Angehörigen ein gesondertes Kapitel. Ein Buch zum Wiedererkennen und Lernen, zum Schmunzeln und Verstehen. Kurzweilig und am Puls der Zeit - somit für Jedermann interessant.

Buchdaten:
Autor: Heike Führ
„Der Tanz durchs Leben"
284 zum Teil farbige Seiten
Verlag: BoD
ISBN 9783842350564
14,99€

Fachbegriffe bei MS

Dieses Büchlein ist ein Wegweiser durch den Dschungel der medizinischen Fachbegriffe und vor allem durch das Chaos der komplizierten Ausdrücke rund um Multiple Sklerose (MS). Aber auch viele andere chronisch Kranke werden hier ein sehr hilfreiches Nachschlagewerk finden.

Manchmal ist es einfacher, schneller und unkomplizierter, ein kompaktes Büchlein in der Hand zu halten, als sich durch viele verschiedene Bücher oder das Internet zu kämpfen. Deshalb ist das Buch einfach nur als Nachschlagewerk gedacht und befasst sich mit den gängigsten Begriffen rund um die MS. Von medizinischen Wörtern über psychologische Fachbegriffe und sonstige Therapien. Am Ende ließ es sich die Autorin nicht nehmen, noch einmal ein paar eigene Texte hinzu zu fügen. Diese passen perfekt zu ihrem 1. MS-Buch "Hallo MS", das ebenfalls im Rosengarten-Verlag erschienen ist. Außerdem passt dieses Lexikon der Fachbegriffe zu jedem anderen MS-Buch und ergänzt sie um ein Vielfaches.

Taschenbuch: 88 Seiten - Verlag: A.S. Rosengarten-Verlag; Auflage: 1. (3. April 2015)
ISBN-10: 3945015162
10,90 Euro

UNSICHTBARE Symptome

Nach dem erfolgreichen Erstlingswerk „Hallo MS" und dem kleinen Ratgeber „SEXUALITÄT/Tipps bei chronischen Erkrankungen", nimmt sich die Autorin diesmal den „UNSICHTBAREN SYMPTOMEN" der MS (Multiple Sklerose) an. Sätze wie „Du siehst gar nicht krank aus!", oder gut gemeinte Ratschläge, wie „Du musst Dich nur mal ordentlich ausschlafen", kann kein ernsthaft Erkrankter mehr hören. Heike Führ erklärt anschaulich die unsichtbaren Symptome der MS. Ihre Texte sind voller Emotionen, Optimismus, Lebensmut und auch Sarkasmus geschrieben. Sie beschreiben sowohl Betroffenen, als auch Angehörigen in aller Deutlichkeit, warum nicht sichtbare Symptome ebenfalls ein ernstzunehmendes Problem darstellen. Außerdem zeigt sie auf, wie kränkend es für Betroffene ist, wenn man diese Symptome nicht wahrnimmt und ihnen vor allem keinen Glauben schenkt. Nicht nur für MS`ler und Außenstehende, auch für viele andere chronisch Kranke ist dieses Buch Balsam auf der Seele.

Taschenbuch: 84 Seiten - Verlag: Books on Demand; Auflage: 1 (22. Januar 2015)

ISBN-10: 3734755646

6,99 Euro

Intimität ist mehr als Sex –
Wenn SEX zur Nervensache wird…

Kaum ein Gebiet ist so intim, Scham – und Angstbesetzt, wie die eigene und die Paar-Sexualität. Und kaum etwas anderes in einer Beziehung macht uns so verletzlich. Dabei ist Sexualität eine wundervolle Möglichkeit, Nähe zum geliebten Partner herzustellen und zu halten, oder in schwierigen Lebensphasen nicht den „Kontakt" zueinander zu verlieren. Aber besonders wenn ein Paar mit der Diagnose einer chronischen Erkrankung, wie z. B. MS, konfrontiert wird, versteht man, wie wichtig es ist, sich gegenseitig zu begreifen. Hier hilft die Autorin mit Ratschlägen, die sie auf Grund vieler Recherchen und Interviews mit an „Multipler Sklerose" - Erkrankten führte. Aber auch für Singles hält die Autorin Vorschläge bereit! Alltagsnah und somit sowohl für „Gesunde" als auch für chronisch Kranke, ist dieses Buch ein Begleiter in Sachen Sexualität. Behutsam wird der Fokus auf das gegenseitige Verstehen und Vertrauen gelenkt und zeigt Gesprächs-Formen auf. Ein kurzweiliger und lebensnaher kleiner Ratgeber, der in keinem Haushalt fehlen sollte.

Taschenbuch: 68 Seiten - Verlag: Books on Demand; Auflage: 1 (24. September 2014) - ISBN-10: 3735793991, 5,99 Euro

Smiley erklärt Kindern MS

Dieses anrührende Kinderbuch beschreibt an Hand von dem süßen Mischlingshund Smiley und seinen beiden Freunden Fine und Balou anschaulich und sehr kindgerecht, was Multiple Sklerose (MS) ist. Smiley erklärt äußerst behutsam auf der Ebene des Kindes, wie sich MS äußern kann und wie es einem betroffenen Elternteil oder anderen betroffenen Angehörigen und Freunden mit MS gehen kann. Mit schönen authentischen Fotos und lustigen Geschichten aus seinem Hundeleben verknüpft er diese Botschaft so zartfühlend und hinreißend, dass Kinder bei der Begeisterung über den Hund Smiley und seine Freunde die Dramatik einer chronischen Erkrankung zwar begreifen, sie aber niemals als bedrohlich erleben. Die Autorin hat sich ihre jahrzehntelange Berufserfahrung als Erzieherin mit vielen pädagogischen und psychologischen Weiterbildungen zu Nutze gemacht und empathisch ein Kinderbuch, das auch gleichzeitig ein Ratgeber ist, geschrieben. Ein Buch, das man auch Erwachsenen zum besseren Verständnis der MS in die Hand drücken kann.

**Der komplette Erlös geht an
den Tierschutzverein Santorini e.V.**

Taschenbuch: 48 Seiten - Verlag: Books on Demand; Auflage: 2 – mit farbigen Fotos, ISBN-10: 373476730X, 5,99 Euro

FATIGUE und *UHTHOFF-PHÄNOMEN*

MS (Multiple Sklerose) ist die Krankheit mit den 1000 Gesichtern. Autorin Heike Führ hat bereits 5 MS-Begleitbücher geschrieben und widmet sich hier jenen zwei UNSICHTBAREN Symptomen der MS, die sie aus eigener Erfahrung sehr gut kennt. Denn gerade die unsichtbaren Symptome schränken das Leben eines MS`lers ein, da sie man ihnen oft nicht glaubt. Die Fatigue und das Uhthoff-Phänomen belasten den MS- Alltag teilweise so allumgreifend und zerstörerisch, dass viele Betroffene bereits früh die Erwerbsminderungsrente erhalten und ihr Leben nach diesen beiden Symptomen ausrichten müssen. Mit wichtigen fachlichen Infos und ihren Geschichten beschreibt die Autorin diese beiden Symptome – einmal sachlich, dann wieder emotional und humorvoll. MS`ler werden sich in den Texten wiederfinden und Angehörige können endlich diese schrecklichen Symptome verstehen.

Bei Bestellung über (www.lesend-helfen.de) gehen 30% des Kaufpreises an die DMSG/ BAER (Kinder mit juveniler MS)

Taschenbuch 99 Seiten –
Verlag: Esch-Verlag - ISBN: 978-3-95555-067-7
8,99 Euro

Die Reise zum Glück – Der Weg ist das Ziel

Ein Buch für alle Sinne – zum Anschauen und Genießen, zum Verstehen und Lernen.

Der Weg zum Glück –nicht als Wettbewerb, sondern mit Freude und Achtung der eigenen Persönlichkeit.

Dass Glücksempfinden auch mit einer chronischen Erkrankung möglich ist, zeigt Autorin Heike Führ noch zusätzlich mit liebevoll gestalteten Bildern, Zitaten, Texten und vielen wissenschaftlichen Recherchen auf.

Ein Buch für Gesunde ebenso wie für Gehandicapte – Entspannung pur, viele Anregungen und Tipps.

„Der Weg ist das Ziel" könnte das Motto des Buches sein – geht es eigentlich nur um das wahrnehmen der kleinen großen Dinge im Leben.

Buchdaten:
„Die Reise zum Glück"
204 Seiten (z. Teil farbig) / Verlag: BoD
ISBN: 9-783739-200897
12,99€

SMILEY – Der kleine Frechdachs mag nicht duschen

Schon in Band 1 „SMILEY bellt HALLO MS!" erzählt der süße und quirlige Mischlingshund witzige und amüsante Geschichten aus seinem Hundeleben. Nun geht es detaillierter mit all seinen Anekdoten weiter.

Autorin Heike Führ setzt ihre Ausbildung als Erzieherin sinnvoll und kindgerecht ein, indem sie lustig viel Wissen über die Natur, den Straßenverkehr und Vieles mehr vermittelt. Smiley wird zu einem Vorbild und liebevollem Begleiter, der zusammen mit seiner schlauen Hunde-Freundin Fine den Kindern unterbewusst wichtige Werte vermittelt.

Die Sprache ist kindgerecht und doch auch fordernd – ein wichtiger Ausgleich in der Pädagogik.

Buchdaten:
SMILEY – der kleine Frechdachs mag nicht duschen
104 zum Teil farbige Seiten / Verlag: BoD
ISBN 9 783739 218250
7,99 Euro

Alltags-Tipps bei MS / Praktische Hilfen

„Alltags-Tipps in vielerlei Hinsicht – das ist die Intention des Buches. Je nach Verlauf und je nach Ausprägung der „tausend Gesichter" der MS wird sich auch der jeweilige Alltag gestalten. Die routinierte Autorin gibt praktische Tipps zu Hilfsmitteln oder Alltags-Situationen ebenso, wie sie mit fachlichen Infos zur Seite steht. Ein Buch zum Lernen und auch Zurücklehnen, zum Schmunzeln und sehr hilfreich mit all den vielfältigen Anregungen. Für MS`ler ist es ebenso geeignet, wie auch für andere körperlich Behinderte.

Lebensnahe auf die Praxis bezogene Tipps bilden den Hauptteil. Sie rundet all dies mit ihren authentischen Texten rund um Behinderungen, wie beispielsweise Multiple Sklerose, ab und hilft damit sowohl Betroffenen, als auch Angehörigen enorm."

Buchdaten:
Autorin: Heike Führ
„Alltags-Tipps bei Multiple Sklerose"
Verlag: Bod, 128 Seiten
ISBN: 9783739224664
Euro: 7,99.-

Kinder mit MS

MS-Diagnose: ein Schock!
Aber es ist so wichtig, allen Beteiligten deutlich zu machen, dass es sich zwar um eine momentan noch unheilbare Erkrankung handelt, dass sie aber keineswegs zwangsläufig im Rollstuhl oder mit völliger Hilflosigkeit enden muss. Das Motto des Buches: „MS ist nicht das Ende, sondern nur ein neuer Anfang!"

3-5% der Betroffenen bekommen die Diagnose vor dem 17. Lebensjahr. Es türmen sich Fragen, Ängste und Sorgen, Nöte und vor allem eins: Unsicherheit! Die Zukunft, die bis eben noch überschaubar war, bekommt große Risse, wird unkalkulierbar und unvorhersehbar. Wie mag es Eltern gehen, wenn ihr Kind diese Diagnose erhält? Kaum auszumalen dieser Schock und diese Emotionen, die die Eltern dann überfluten. Wie geht es dem Kind / Jugendlichen, wenn es solch eine Diagnose erhält?

Autorin Heike Führ, die bereits 7 MS-Begleitbücher geschrieben hat, widmet sich nun diesem speziellen Thema rund um die kindliche MS. Mit fachlichen Infos, Tipps und pädagogisch-psychologischen Überlegungen gestaltet sie dieses Buch. MS ist die Krankheit der 1000 Gesichter und so unterschiedlich verläuft sie auch.

Verlag: BoD, ISBN: 9 783739 228792 / 6,99€